دستور زبان فارسی

ペルシア語
文法
ハンドブック

吉枝聡子
Satoko YOSHIE

白水社

装丁　重原 隆

まえがき

　ペルシア語は、現在のイラン、アフガニスタン、タジキスタンの公用語で、インド＝ヨーロッパ語族に属する言語です。シルクロード華やかなりし時代、ペルシア語は、今日のイランから中央アジアにいたる広大な地域の共通語として、さまざまな言語を話す人々の間で用いられてきました。豊富な文学伝統を有するペルシア語は、この地域の教養語としても一目置かれ、幾多の詩人や哲学者たちを輩出してきました。

　ペルシア語は一般に習得しやすい言語と言われます。確かに文法規則は比較的少なく、音もそれほど難しくありません。一方でペルシア語には、響きの美しさや文脈の流れを優先するあまり、例外や、機能を解明しきれない現象が随所にみられます。言い換えれば、この柔軟性こそが、ペルシア語文化圏を、言語と民族を超えて形成させた要因の一つといえるでしょう。しかしこうした特徴は、初学者の混乱や困惑を引き起こすこともしばしばです。この点を曖昧にせず、積極的に説明していくのが、ペルシア語独習書の本来のあり方と考えます。

　本書では、構成がときに少し煩雑になることを恐れずに、上級者向けの事項を交えながら、ペルシア語文法をなるべく細部にわたって体系的に記述するよう試みました。これからペルシア語を学ぶ方はもちろん、文法をひと通り終えた方や、ペルシア語を教える立場にある方にも、本書を活用していただければ幸いです。

　最後に、本書の執筆にあたっては、東京外国語大学名誉教授の上岡弘二先生から多くのご助言をいただきました。また、ペルシア語例文の確認に際しては、東京外国語大学博士課程のマリヤム・ゴレスターンさんの協力をいただきました。心から感謝の意を申し上げます。

2011年 春

吉枝聡子

目　次

まえがき　3

第1課　文字と発音　10
ペルシア語の文字　10／文字の書き方と発音　13／文字の連結方法　18／
発音記号　19／注意すべき読み方　23／母音連続と「わたり音」　24／
ストレス（強勢）　25

第2課　名詞・形容詞・指示形容詞　26
名詞　26／複数語尾 ── 表記上の注意　27／形容詞　29／指示形容詞　29

第3課　指示代名詞・人称代名詞独立形・بودن直説法現在形　30
指示代名詞　30／人称代名詞独立形　30／بودن直説法現在形（第1変化）　31／
بودنの第2変化（独立形）　34／بودنの現在・否定形　35／語順Ⅰ　35／
否定疑問文に対する返答　37

第4課　エザーフェ　39
エザーフェとは　39／エザーフェの用法　43

第5課　無強勢の -ī・定を表す表現　47
無強勢の -ī　47／「無強勢の-ī」の表記法　48／「無強勢の-ī」の用法　49／
定に関わる表現　51

第6課　不定詞・単純過去形　53
不定詞　53／過去語幹　53／動詞人称語尾Ⅰ　54／単純過去形　54／
単純過去形の用法　56／بودنの単純過去形　58／不定詞の用法　59

第7課　人称代名詞接尾辞形　61
人称代名詞接尾辞形　61／人称代名詞接尾辞形の用法　63／二重主語構文　66

第8課　直説法現在形・現在進行形　*67*
現在語幹　*67*／動詞人称語尾Ⅱ　*68*／直説法現在形の作り方　*68*／
注意すべき現在形の作り方　*69*／直説法現在形の用法　*72*／現在進行形　*73*

第9課　複合動詞　*75*
複合動詞とは　*75*／複合動詞の活用　*76*／複合動詞の用法　*78*

第10課　前置詞Ⅰ　*80*

第11課　疑問詞　*88*

第12課　副詞Ⅰ　*95*
時に関わる副詞　*95*／場所・空間を表す副詞　*99*／頻度・回数を表す副詞　*99*／
量・程度を表す副詞　*100*／方法・様態を表す副詞　*101*

第13課　未完了過去形・過去進行形　*103*
未完了過去形　*103*／未完了過去形の用法　*105*／過去進行形　*106*／
過去進行形の用法　*107*

第14課　未来形　*109*
短い不定詞　*109*／未来形　*109*／未来形の用法　*112*

第15課　命令形　*113*
命令形　*113*／注意すべき命令形　*114*／命令形の用法　*117*

第16課　完了形・現在完了継続形・分詞　*119*
過去分詞　*119*／現在完了形　*120*／現在完了形の用法　*120*／過去完了形　*122*／
過去完了形の用法　*123*／現在完了継続形　*123*／過去分詞の用法　*124*／
現在分詞　*126*

第17課　再帰代名詞・不定などに関わる表現　*128*
再帰代名詞　*128*／不定に関わる代名詞・形容詞・副詞　*129*

第18課　前置詞Ⅱ　*136*
前置詞Ⅱ　*136*／複合前置詞　*138*

第19課　比較表現・感嘆文　*141*
比較級・最上級　*141*／比較級の用法　*142*／最上級の用法　*146*／感嘆文　*147*

第20課　接続法　*149*
接続法現在形　*149*／注意すべき接続法現在形の作り方　*150*／
接続法現在形の用法　*154*／接続法完了形　*156*／接続法完了形の用法　*157*

第21課　助動詞　*158*
助動詞Ⅰ　*158*／助動詞Ⅱ　*164*

第22課　受動表現・使役表現　*171*
受動表現の作り方　*171*／受動表現の用法　*173*／使役表現　*175*

第23課　関係詞　*178*
関係詞 که ke　*178*／関係詞文の用法　*179*／その他の関係詞　*183*

第24課　接続詞　*187*
等位接続詞　*187*／従属接続詞　*190*／従属接続詞となる複合接続詞　*199*

第25課　条件文・祈願文　*209*
条件文Ⅰ　*209*／条件文Ⅱ　*212*／祈願文　*213*／反実仮想を表す未完了過去形　*214*

第26課　数詞・副詞Ⅱ　*215*
基数詞　*215*／序数詞　*217*／数に関わる表現　*220*／助数詞　*223*／副詞Ⅱ　*225*

第27課　語順Ⅱ・数／人称／時制の不一致・非人称構文　*229*
語順Ⅱ　*229*／数・人称・時制の不一致　*230*／
ペルシア語でよく用いられる構文　*232*

第28課　派生語・複合語の作り方　*239*
派生語　*239*／複合語　*249*

第29課　口語表現　*255*
発音上の特徴　*255*／動詞活用形の短縮　*257*

第30課　敬語表現　*262*
人称代名詞・敬称・呼びかけ　*262*／動詞　*264*／婉曲表現・定型表現　*265*／
間投詞　*266*

［巻末資料］
動詞活用形一覧　*270*
一般動詞現在語幹一覧　*271*
主要な複合動詞一覧　*278*
イランの暦・月名・曜日　*284*

参考文献　*287*
文法項目索引　*290*
ペルシア語索引　*293*

ノウルーズ（新年）用カード

第1課　文字と発音

1　ペルシア語の文字

　ペルシア語は、ペルシア文字を使って、右から左に書かれます。大文字・小文字の区別はありません。ペルシア語アルファベットは、アレフバー（الفبا alefbā）と呼ばれ、アラビア語アルファベット（28文字）に、アラビア語にはない音を表す4文字（پ, چ, ژ, گ）を加えた、計32文字です。

アレフバー文字一覧

文字の名称	音価	独立形	尾字形	中字形	頭字形
alef	a, e, o, ā, '	ا	ﺎ	ﺎ	ا
be	b	ب	ﺐ	ﺒ	ﺑ
pe	p	پ	ﭗ	ﭙ	ﭘ
te	t	ت	ﺖ	ﺘ	ﺗ
se	s	ث	ﺚ	ﺜ	ﺛ
jīm	j	ج	ﺞ	ﺠ	ﺟ
che	ch	چ	ﭻ	ﭽ	ﭼ
he	h	ح	ﺢ	ﺤ	ﺣ
khe	kh	خ	ﺦ	ﺨ	ﺧ
dāl	d	د	ﺪ	ﺪ	د
zāl	z	ذ	ﺬ	ﺬ	ذ
re	r	ر	ﺮ	ﺮ	ر

ze	z	ز	ز	ز	ز
zhe	zh	ژ	ژ	ژ	ژ
sīn	s	س	س	س	س
shīn	sh	ش	ش	ش	ش
sād	s	ص	ص	ص	ص
zād	z	ض	ض	ض	ض
tā	t	ط	ط	ط	ط
zā	z	ظ	ظ	ظ	ظ
'eyn	'	ع	ع	ع	ع
qeyn	q	غ	غ	غ	غ
fe	f	ف	ف	ف	ف
qāf	q	ق	ق	ق	ق
kāf	k	ک	ک	ک	ک
gāf	g	گ	گ	گ	گ
lām	l	ل	ل	ل	ل
mīm	m	م	م	م	م
nūn	n	ن	ن	ن	ن
vāv	v, ū, o, ow	و	و	و	و
he	h	ه	ه	ر/ه	ه
ye	y, ī, ey	ی	ی	ی	ی

第1課 文字と発音

音価とは、それぞれの文字が単語の中で発音される際に表す音のことです。個々の文字の名称とは異なります。

ペルシア語のアレフバーでは、アラビア語では区別されるものの、ペルシア語にはない音を表す文字が含まれるため、次のように同一の音に複数の文字が対応する場合がみられます。

/t/を表す　ت, ط
/s/を表す　س, ص, ث
/z/を表す　ظ, ض, ذ, ز

おのおのの文字には、前後の文字の続き方によって、独立形・頭字形・中字形・尾字形の計4形があります。

独立形：前後に文字が続かず、単独で書かれる場合
頭字形：前から文字が続かず、後ろのみに文字が続く場合
中字形：前後に文字が続く場合
尾字形：後ろに文字が続かず、前からのみ文字が続く場合

頭字形、中字形、尾字形の3形は、基本の形である独立形に、前後の文字に連結するための「手」が付いた形をとっていることが多いため、独立形と関連づけて憶えれば、それほど複雑ではありません。ただし、文字によっては、独立形、頭字形・中字形・尾字形が大きく異なる場合があるので、注意が必要です。

また、このなかには後ろにつながらない文字があります。ا, د, ذ, ر, ز, ژ, وの7つの文字は、性質上、前につなげることはできますが、後ろの文字につなげることができません。つまり、これらの文字では、独立形と頭字形、中字形と尾字形が同じ形になります。これらの文字の後ろに来る文字は、同一の単語内であっても、前に文字がつながらない形、すなわち頭字形または独立形をとります。

در　　dar　　～に、～で：ドア　　　روز　　rūz　　日
زیاد　ziyād　多い　　　　　　　　　ژاپن　zhāpon　日本

2 文字の書き方と発音

- ا alef

　子音の後に続く場合は/ā/、それ以外の位置では/a/, /e/, /o/と/ʼ/（わたり音、後述）を表します。اは前の文字につなげて書くことができますが、後に文字を続けることができません。独立形（＝頭字形）では上から下、尾字形（＝中字形）では下から上に書きます。

/a/ できるだけ口を横に開き、日本語の「ア」よりも口の前の方で発音します。

/e/ 日本語の「エ」よりも、やや口を狭めにして「イ」に近づけるような感じで発音します。語末では日本語の「エ」と同じ音になります。

/o/ 円唇化のかなり強い音です。日本語の「オ」より、さらに唇を丸めて突き出すようにして発音します。

/ā/ 口を大きく縦に開いて「オ」のような構えにし、口の奥の方から「ア」を出すような感覚で発音します。位置によっては、短めに発音されることがあります。

　かつて/ā/は、古典ペルシア語では/a/の長母音として発音されていました。しかし、現代ペルシア語（テヘラン標準語）では、/ā/は、口の前の方で発音する/a/とは異なる性質の音となっています。本書をはじめとする一般のペルシア語文法書では、この音は表記の都合上/ā/と書かれることが多いため、なお長母音と誤解されがちです。しかし、/ā/と/a/は全く別の音色をもつ音ですので、/a/を単にのばして発音することのないように、よく練習する必要があります。

- ب be, پ pe, ت te, ث se

　それぞれ/b/, /p/, /t/, /s/を表します。このタイプの文字は、独立形・尾字形は基準線のやや下、頭字形と中字形は基準線上に書き、それぞれの文字を表す点を上下につけます。

- /b/ 日本語の「バ行」の子音に近い音です。
- /p/ 日本語の「パ行」の子音より、やや強めに発音します。
- /t/ 日本語の「タ行」の子音より、やや強めに発音します。
- /s/ 日本語の「サ、ス、セ、ソ」のs音に近い音です。

- ‎ج jīm, ‎چ che, ‎ح he, ‎خ khe

それぞれ/j/, /ch/, /h/, /kh/を表します。頭字形と中字形は基準線上、独立形と尾字形は基準線の下にさがります。

- /j/ 日本語の「ジャ」のj音とほぼ同じです。やや口の奥寄りで発音します。
- /ch/ 日本語の「チャ、チュ、チョ」より重めで、日本語のch音よりもやや口の奥寄りで発音します。英語のchに近い音です。
- /h/ 日本語の「ハ、ヘ、ホ」のh音と同じですが、特に語末や子音の前後では、息を軽く吐く程度の、弱い音になります。
- /kh/ 日本語にはない音です。「ク」を発音する位置で、舌の後方と上顎の間を少し開けて、いびきに似た粗い感じの摩擦音を出します。舌と上顎がくっついてしまうと/k/という全く別の閉鎖音になってしまうので、よく注意してください。ドイツ語のNacht, Machtなどの/ch/の音です。

- ‎د dāl, ‎ذ zāl, ‎ر re, ‎ز ze, ‎ژ zhe

それぞれ/d/, /z/, /r/, /z/, /zh/を表します。いずれも、前の文字につながることはできますが、後に文字を続けることができません。د とذ は基準線上に小さなくびれを作るように、ر 、ز 、ژ はややくびれを少なくして、基準線下にさがるように書きます。

- /d/ 日本語の「ダ行」のd音に近い音です。
- /z/ 日本語の「ザ行」のz音より摩擦の多い音です。
- /r/ 巻き舌の/r/か、日本語の「ラ行」のr音かのどちらかで発音します。

/zh/ 英語のpleasure, visionやフランス語のjourなどに出る音です。日本語の「ジ」を弱めに出すか、または「シュッシュッ」などの「シュ」を有声音にすると近い音になります。/j/とは異なる音なので、日本語の「ジャ」「ジュ」「ジョ」のj音では発音しないようにしましょう。

- س sīn, ش shīn

それぞれ/s/, /sh/を表します。頭字形と中字形は基準線上、独立形と尾字形では基準線下にさがります。
/s/　ثと同じ。
/sh/　日本語「シュッシュッ」の「シュ」の音です。

- ص sād, ض zād

それぞれ/s/, /z/を表します。文字を書く際の注意はس, شと同じです。
/s/　ث, سと同じ。
/z/　ذ, زと同じ。

- ط tā, ظ zā

それぞれ/t/, /z/を表します。いずれの語形も基準線より上に書きます。
/t/　تと同じ。
/z/　ذ, ز, ضと同じ。

- ع 'eyn, غ qeyn

それぞれ声門閉鎖音/'/, /q/を表します。語形によって形が大きく変わります。語尾形と独立形は基準線より下にさがり、頭字形と中字形は基準線上に書きます。中字形は、逆三角形になります。
/'/　日本語で驚いたときに発する「あッ！」の最後の「ッ」や、「え～?!」を勢いよく発音した際の最初に現れる、軽く喉（声門）を閉める音（声立て）です。ペルシア語では特に子音の直後で強く発音されます。/'/は、ا, ع, ◌

第1課　文字と発音　15

（hamze, 後述）で書かれます。ペルシア語の/'/はアラビア語の声門閉鎖音ほど強くありません。このため、母音の間に挟まれるときは、口語でははっきり発音されず、前の母音が長めに発音されたように聞こえることがあります。また、語末の/'/は口語ではほとんど聞き取れません。

/q/ 日本語にはない音です。/q/には、喉を完全に閉じて出す固い感じの音（無声閉鎖音）と、喉を少し開けて出すうがいのような音（有声摩擦音）の2種類があります。どちらの音も、口を大きめに奥まで開き、日本語「コ」のk音よりさらに奥で、喉に近い部分から音を出します。/q/はغとقで書かれます。従来のペルシア語文法書や辞書では、غをgh、قをqと別々に表記してあるものが多いですが、実際には、これらの2種類の音のどちらで発音しても、語の意味が変わるわけではありません。このため、本書ではどちらもqで表記してあります。

- ف fe, ق qāf

それぞれ/f/, /q/を表します。頭字形と中字形は、時計回りに小さな丸を描くように書きます。فの中字形は、上のغ（逆三角形となる）の中字と混乱しないようにしましょう。独立形と尾字形は、文字によって基準線下の形が異なる（قの方がカーブが丸く、فはやや平たい）ので、注意が必要です。

/f/ 英語のfと同じ音です。上の歯を下唇に軽くあて、音を出します。
/q/ غと同じ。

- ک kāf, گ gāf

それぞれ/k/, /g/を表します。いずれの形も基準線より上に書きます。

/k/, /g/は、後に続く音によって、音色が変わります。

/ā/, /o/, /ū/, /ow/の前では、日本語の「カ」「ガ」のk, g音に近い音で発音します。これ以外では、日本語の「キ」「ギ」を発音する際のk, g音よりさらに口の前の方で発音する音（硬口蓋音）になります。たとえば、後に/a/が来た場合は、/kʸa/, /gʸa/「キャ」「ギャ」になります（کا, گاの場合は/kā/, /gā/で、硬口蓋化されないので注意しましょう）。

- ل　lām

/l/を表します。尾字形は基準線より下にさがります。次につながらない ا と混乱しないようにしましょう。なお、ل に ا をつなげるときは、لا または ﻼ の形になります。

/l/　英語の語頭に出る /l/ の音です。唇を広く横に広げ、舌先をしっかりと上歯茎に押しつけて、舌の左右から音を出します。

- م　mīm

/m/を表します。م を書く際は、特に頭字形での円を結ぶ方向（反時計回り）に注意してください。

/m/　日本語「マ行」のm音と同じ音です。

- ن　nūn

/n/を表します。ب グループの文字と似ていますが、独立形、尾字形で大きなカーブで下がるのが特徴的です。

/n/　日本語「ナ行」のn音と同じ音です。

- و　vāv

/v/のほか、子音に続く際には /ū/, /o/, /ow/（/w/は半母音）を表します。前の文字につなげられますが、後に文字を続けることはできません。文字を書く際の注意は و の場合と同じです。

/v/　英語のv、日本語「ヴァ」の「ヴ」と同じ音です。上の歯を下唇に軽くあて、有声音を出します。

/ū/　日本語の「ウ」より唇を丸めて突き出し、できるだけ口の奥から発音するようにします。

/ow/　英語のboneの /ou/ と同じ音です。

- ه he

ح と同じ/h/を表すほか、語末では子音を表す文字に続く際に/e/（いわゆる「サイレントの。」、後述）として用いられます。いずれの形も基準線上に書きますが、中字形にはバリエーションがあります。

- ی ye

/y/のほか、子音を表す文字に続く際には/ī/, /ey/（/y/は半母音）を表します。独立形・尾字形と頭字形・中字形で大きく形が変わるので、注意が必要です。独立形、尾字形は基準線より下にさがります。

/y/　日本語「ヤ行」のy音と同じ音です。

/ī/　できるだけ口の前の方で、唇の両端を横に引きながら、「イー」のように発音します。

/ey/　英語のrainの/ei/と同じ音です。

＊/ī/, /ū/の表記方法について

ペルシア語の/i/, /u/は、基本的には、どちらもやや長めに発音する方が実際の音により近くなるため、本書では、上に<ˉ>を付けて/ī/, /ū/と表記してあります。しかしこれらの音は、現代ペルシア語（テヘラン標準語）では、日本語の「イ／イー」「ウ／ウー」のように、長さによって語の意味が変わることはありません。つまり、これらの母音は長母音ではなく、位置によっては、長めに発音されることも、短めに発音されることもあります。なお本書では、/i/が必ず短めに発音される、前後に/ā/がある場合の/-iy-/のみiで示してあります。

3　文字の連結方法

ペルシア文字では、語中の/a/, /e/, /o/は文字には現れません。これ以外の音（子音のすべて、語頭・語尾のすべての母音、語中の/ā/, /ī/, /ū/）は文字で書き表されます。

たとえば、ketāb（「本」）という音をペルシア文字で書き表したい場合に

は、k-t-ā-bのみ表記すればよいわけです。あとは、後ろにつながらない7つの文字に注意しながら、前後の文字の有無によって適当な字形を選び、文字をつなげます。

كتاب ← ك + ت + ا + ب

逆にペルシア語を読む際には、文字では表記されない語中の/a/, /e/, /o/（あるいは母音なし）を入れて読むことが必要となるので、どこにこれらの音が入るか、単語ごとに正確な発音を憶えておく必要があります。たとえば、/karam/「寛大、寛容」、/kerm/「虫」、/kerem/「クリーム」は綴りがすべて同一のكرمとなります。このような同じ綴りで異なる音の単語については、どの語の意味で用いられているのか、読み手が文脈より判断する必要があります。

では、個々の発音と綴りに注意しながら、実際の文字のつなげ方の例を見てみましょう。

انار	anār	ザクロ	فارسی	fārsī	ペルシア語
تب	tab	熱	درست	dorost	正しい
بد	bad	悪い	باغ	bāq	庭、庭園
عجب	'ajab	驚き、不思議な	قشنگ	qashang	美しい、きれいな
گرگ	gorg	狼	نان	nān	ナーン
لاله	lāle	チューリップ	کمک	komak	援助、助け

4　発音記号

このように、ペルシア語では語中に入る母音/a/, /e/, /o/（あるいは母音なし）は表記されず、また子音が重複する場合も文字には現れません。つまり、文字を読む際は、その単語を知っていなければ正確に発音することができないということになります。このため、たとえば教科書の新出単語や、同綴異音語があって発音が紛らわしい際などには、以下の発音記号を補助的に

用い、正確な発音を示すことができます。漢字のふりがなに似たものと考えてよいでしょう。主な発音記号は次の通りです。

1) ◌َ (fathe)
子音に/a/がつくことを表します。

زَن　　zan　　妻、女性　　　　سَر　　sar　　頭

عَرَب　'arab　アラブ、アラブ人　قَلَم　qalam　ペン

سَبَب　sabab　原因、理由　　حَرَكَت　harakat　動き、出発

2) ◌ِ (kasre)
子音に/e/がつくことを表します。

گِل　　gel　　泥　　　　　چِرا　　cherā　　なぜ

پِسَر　pesar　息子、少年

3) ◌ُ (zamme)
子音に/o/がつくことを表します。

گُل　　gol　　花　　　　شُتُر　　shotor　　ラクダ

ژاپُن　zhāpon　日本

＊/ey/, /ow/の表記方法について

/ey/, /ow/は、かつては/ay/, /aw/と発音されていたものです。現在のペルシア語（テヘラン標準語）ではこれらの音は/ey/, /ow/に移行してしまっていますが、ダリー語（アフガン・ペルシア語）やタジク語（タジク・ペルシア語）では現在でも/ay/, /aw/が保たれています。

/ey/, /ow/は、伝統的な表記法では、کَی/key/「いつ」、نَو/now/「新しい」のように、/ey/(/ay/), /ow/(/aw/)を◌َ (fathe)で区別してきました。しかしながら現在のイランでは、実際の発音により近いکِی/key/、نُو/now/のように、/ey/を

◌ﹻ（kasre）、/ow/を◌ﹹ（zamme）で識別する方法が採用されています。テヘラン標準語を対象とする本書でも、この識別法をとることにします。

زِیتُون　zeytūn　オリーブ　　پِیدا　peydā　明らかな、見える

فُوری　fowrī　急な　　چِطُور　chetowr　どのように

4）◌ْ（sokūn）

子音にいずれの母音もつかないことを表します。

なお、ペルシア語では、語末が母音で終わる時は、必ず何らかの文字で表記されます。このため、語末が子音で終わる場合には◌ْをつける必要はありません。

دَسْت　dast　手　　قِرْمِز　qermez　赤い

فِلْفِل　felfel　胡椒　　مَرْد　mard　男性

5）◌ّ（tashdīd）

子音が重複されて発音されることを表します。重複子音に母音が続くことを表す場合は、上にあげた発音記号と重ねて書きます。

اَمّا　ammā　しかし　　مَجّانی　majjānī　無料の

عِلَّت　'ellat　理由　　مُحَمَّد　mohammad　ムハンマド（人名）

ここまでにあげた記号は、通常は読み方が紛らわしい箇所にのみ、補助的につけるものです。本来、読み方に曖昧さが生じない箇所では用いられませんが、本書では正確な読み方を示すために10課まで発音符号を付しています。

逆に、以下にあげる記号は、上の発音記号とは異なり、省略できません。

6）آ（alef mādde）

語頭のāを表します。

第1課　文字と発音　21

آگاهی　āgāhī　通知、掲示　　آسان　āsān　簡単な

آفتاب　āftāb　太陽、日光

例外的に語中のāがآで書かれることがあります。

قُرآن　qor'ān　コーラン

7) ◌ٔ （hamze）

通常、アラビア語起源の語で用いられ、声門閉鎖音/'/を表します。

語末にある場合をのぞいて、単独では使われず、必ずى（下の点がない形），و, اのいずれかの文字の上に◌ٔを乗せて書かれます。独立して使われることがほとんどなく、アレフバーには含まれません。主な使い方は以下の通りです。

①/o'/を表す場合：ؤ

سُؤال　so'āl　質問　　مؤمِن　mo'men　信者

②/a'a/, /a'C/, /C'a/を表す場合（Cは子音）：أ

مُتأسِّف　mota'assef　残念な　　تأثیر　ta'sīr　印象、影響

رأی　ra'y　投票　　جُرأت　jor'at　勇気

③それ以外の/'/：ئ

رَئیس　ra'īs　長、社長、長官　　مُطْمَئِن　motma'en　安心して、確かな

مَسئول　mas'ūl　責任がある；責任者

最近では、ئیやئی でも書かれることがあります。

آئینه または آیینه （ā'īne または āyīne）　鏡

④語末の/'/：ء

جُزء　joz'　一部　　سوء　sū'　悪

⑤例外：
このほか、以下のような例外形も見られます。

مَسْئَله mas'ale 問題（= مسأله）

8）ً (tanvīn)
本来はアラビア語の対格尾字形ًا (-an) ですが、ペルシア語では副詞として用いられます。

اِحْتِمالاً ehtemālan たぶん、おそらく　　مَثَلاً masalan たとえば

9）語末の ى
原則としては/y/や/ī/を表しますが、アラビア語のalif maqsūraを含む語を起源とする場合は、/-ā/と発音されます。

عيسى 'Īsā イエス　　حَتَّى hattā ～でさえも

5　注意すべき読み方
以下の場合は、一部の文字が発音されないことがあるので注意が必要です。

1）خو の読み方
①–خوا, –خوي では、و は読まれず、/khā-/, /khī-/と発音されます。

خواهِش khāhesh 願い, 依頼　　خواهَر khāhar 姉妹
خويش khīsh 自身　　خويشاوَنْد khīshāvand 親戚

②それ以外の–خو は、/kho/（و を発音しない）と/khū/（و を発音する）の2通りに読まれます。

خود khod 自身　　خورشيد khorshīd 太陽
خون khūn 血, 血液　　خوک khūk ブタ

2）語末の ه

語末に来る ه には、次の2通りの読み方があります。どちらの読み方になるかは語によって異なります。

①/h/で読まれる場合

دَه dah 10 دِه deh 村

مِه meh 霧 شَبیه shabīh 類似

②発音されない（「サイレントの ه」）場合

母音/e/をもつ子音字の後に置いて、語末が/e/で終わることを表します。

خانه khāne 家 بَچّه bachche 子供

قَهوه qahve コーヒー گُربه gorbe ネコ

口語では語末の/h/は弱く発音されるため、実際の発音上は語末の/-eh/と/-e/との違いはあまり聞き取れません。しかし、これらの語の後に接尾辞がつく場合には、明確に表記上の区別がなされます。たとえば、②「サイレントの ه」で読まれる箇所（/-e/）に母音で始まる -ī などがつく場合、次項で説明する「わたり音」を表す文字を余分に挿入する必要がありますが、①/h/で読まれる場合は、わたり音を表す文字は挿入する必要がありません。このように、①か②の読み方によって綴りが異なってくることがあるので、語末が ه で終わる場合には、どちらの音で発音されているのか、語によって分けて憶えておくことが必要です。

6　母音連続と「わたり音」

ペルシア語の音節は、CV／CVC／CVCC（Cは子音、Vは母音）の3種類で、母音が連続することはありません（説明は省きますが、音節の構造上からは、語頭の母音の前には何らかの子音要素があると考えられます）。しかしながら、語末や語頭に母音を含む語に、さらに母音を含む接辞がつく際に、結果として母音連続が生じることがあります。このような場合、ペルシア語

では、2つの母音の間に橋渡しとなる音を挿入して、母音が連続することを避ける傾向があります。この橋渡しの役割をする音を、本書では「わたり音」と呼んでいます。

「わたり音」として最も多く用いられるのは /y/ で、しばしば /ʔ/ も用いられ、それぞれの音に対応する文字（/y/ は ى、/ʔ/ は ا または ﺋ）で表記されます。

この、母音連続を避けるための「わたり音」の挿入とそれを表す文字の添加は、ペルシア語文法では頻繁に現れる現象ですので、憶えておく必要があります。

7　ストレス（強勢）

ペルシア語では、ストレスは、日本語のように高く発音するのではなく、強く発音することで表されます。ストレスは原則として語の最後の音節に置かれます。

ژاپُن	zhāpón	日本
ژاپُنی	zhāponí	日本の、日本人、日本語
شِرکَت	sherkát	会社
هَواپِیما	havāpeymá	飛行機
زِلْزِله	zelzelé	地震
کاروانْسَرا	kārvānsará	隊商宿、キャラヴァンサライ
یادْداشْت	yāddásht	メモ

ただし、呼びかけの際は語頭にストレスが置かれます。

آقا! /ā́qā/（男性に対する呼びかけ）［آقا　āqā　紳士（男性に対する敬称）］

これ以外にも、語や活用形によってストレスが例外的な位置に立つことがありますが、本書では個々の箇所で説明します。

第2課　名詞・形容詞・指示形容詞

1　名詞

　ペルシア語の名詞には、単数形と複数形があり、複数形は単数形に複数語尾ها-/-hā/ または ان-/-ān/ をつけて表します。

　本来は、ها- は無生物、ان- は生物の複数形を作るために使われていました。しかし最近では、生物を表す名詞の複数形にも ها- が用いられたり、無生物であっても擬人化する際には ان- を用いるなど、混乱がみられることがあります。現在では、ان- は接続する名詞によって使い方にやや制約がありますが、ها- はほぼすべての名詞の複数形を作る際に使えます。

　ان- は前の語に続けて書きます。ها- は続けて書かれることが多いですが、離して書いてもかまいません。発音する際は、どちらの複数語尾にもストレスが置かれます。

単数形		複数形			
مَرْد	mard	مَرْدان	mardán		男性
		مَرْدها	mardhá		
زَن	zan	زَنان	zanán		女性
		زَنْها/زَن ها	zanhá		
شَهْر	shahr	شَهْرها	shahrhá		都市
مَنْزِل	manzel	مَنْزِلْها/مَنْزِل ها	manzelhá		家

＊ただし、ان- と ها- で意味が異なる場合もあります。

سَر　sar　頭　→　سَران　sarān　首脳

سَرها　sarhā　頭（複数）

2　複数語尾 ── 表記上の注意

複数語尾をつける際には、以下のように、接続する名詞の語末の音によって形が変わることがあります。

1）/ā/または/ū/で終わる名詞にان-をつける場合

/ā-ā/または/ū-ā/の母音連続を避けるために、わたり音/-y-/を表すی を挿入します。

単数形　　　　　　　　　　　　　複数形

دانِشْجو　dāneshjū　大学生　→　دانِشْجویان　dāneshjūyān

آقا　āqā　紳士；男性に対する敬称　→　آقایان　āqāyān

＊一部の-ūで終わる語には、例外的に/y/が挿入されない場合があります。

بازو　bāzū　腕　→　بازوان　bāzovān

2）/-ow/で終わる語にان-をつける場合：発音は/-avān/になります。

پیشْرُو　pīshrow　先駆者　→　پیشْرَوان　pīshravān

3）/ī/で終わる名詞にان-をつける場合

単数形にان-をつけるだけでよいですが、発音のみ/y/を入れて/-iyān/と読みます。

ایرانی　īrānī　イラン人　→　ایرانیان　īrāniyān

4）「サイレントのه」で終わる語に複数語尾を接続する場合

①ها-をつける場合

ها-を前の語につなげて書くと、هها-となってしまい、「サイレントのه」（語末の/-e/）として読みづらくなります。このため「サイレントのه」で終わる語にها-をつける場合には、必ず離して書きます。

単数形			複数形		
خانه	khāne	家	→ خانه ها	khānehā	
لاله	lāle	チューリップ	→ لاله ها	lālehā	

* /h/として読まれるهで終わる語にها-をつける場合には、つなげて書いても離して書いてもかまいません。

کوه　kūh　山　→ کوه ها کوهها または　kūhhā

② ان- をつける場合

هを落としてگان-/-gān/を接続し、/-(e)gān/と発音します。

بَچّه　bachche　子供　→ بَچّگان　bachchegān
پَرَنْده　parande　鳥　→ پَرَنْدِگان　parandegān

5）その他

アラビア語起源の名詞では、上記のペルシア語系の複数語尾でなく、アラビア語の複数形を用いる語が多くみられます。

دَفْتَر　daftar　事務所　→ دَفاتِر　dafāter
اِطِّلاع　ettelā'　情報　→ اِطِّلاعات　ettelā'āt
نُوع　now'　種類　→ أَنْواع　anvā'
اِنْقِلابی　enqelābī　革命家　→ اِنْقِلابیون　enqelābiyūn
عِلْم　'elm　知識　→ عُلوم　'olūm　学問
مِلَّت　mellat　国民、国家　→ مِلَل　melal

また、本来はアラビア語起源の語であるにもかかわらず、ペルシア語の複数語尾をつけたり、ペルシア語起源の語にペルシア語化したアラビア語の複数語尾がつく例もみられます。

دِه	deh	村	→	دهات	dehāt, dahāt
اُستاد	ostād	師、親方	→	اَساتید	asātīd
سَبزی	sabzī	野菜	→	سَبزیجات	sabzījāt

3　形容詞

　ペルシア語の形容詞は、性や数などによって変化することはありません。また叙述用法でも、主語の数に応じて形容詞の形が変わることはありません。ただし、形容詞が名詞化された場合は、複数語尾をつけて、そのグループに属する人や物を表すことができます。

بُزُرگ	bozorg	大きい、偉大な	→	بُزُرگان	bozorgān　偉人、名士
دیگَر	dīgar	他の	→	دیگَران	dīgarān　他人
				دیگَرها	dīgarhā　その他のもの

4　指示形容詞

　指示形容詞には、近称 این īn「この」、遠称 آن ān「あの、その」があり、名詞の前に置いて用います。指示形容詞には複数形がなく、後ろに続く名詞の数にかかわらず、同じ形を使います。

این دُختَر	īn dokhtar	この少女	［دُختَر　少女、娘］
این دُختَرها	īn dokhtarhā	この少女たち	
آن دِرَخت	ān derakht	あの木	［دِرَخت　木］
آن دِرَختها	ān derakhthā	あの木々	
این دانِشجویان	īn dāneshjūyān	この大学生たち	［دانِشجو　大学生］
آن دانِشجویان	ān dāneshjūyān	あの大学生たち	

第3課　指示代名詞・人称代名詞独立形・بودن直説法現在形

1　指示代名詞

指示代名詞には、近称این īn「これ」、遠称آن ān「あれ、それ」があります。単数・複数の区別をもたない指示形容詞とは違い、これらの語にはそれぞれ複数形としてاینها īnhā「これら」、آنها ānhā「あれら、それら」があります。

	近称			遠称		
単数	این	īn	これ	آن	ān	あれ、それ
複数	اینها	īnhā	これら	آنها	ānhā	あれら、それら

2　人称代名詞独立形

ペルシア語の人称代名詞には、単独で用いられる独立形と、前の語に続けて書かれる接尾辞形の2種類があります。この課では独立形を学びます。

人称代名詞独立形は、人称（1・2・3人称）と数（単数・複数）によって形が変わります。格による変化はありません。

	単数			複数		
1人称	مَن	man	私	ما	mā	私たち
2人称	تو	to	君、おまえ	شُما	shomā	あなた方、あなた（敬語）
3人称	او	ū	彼、彼女	آنها	ānhā	彼ら
				ایشان	īshān	彼、彼女（敬語）

＊1人称

複数形ماは「私たち」として用いるほか、謙譲語として1人称単数形من「私」の代わりに使うことがあります。なお、謙譲表現として1人称単数形の代わりにماを使う場合でも、対応する動詞には1人称複数形を用います。

＊2人称

単数形の تو「君、おまえ」は、家族、友人などの親しい相手、年下や目下、あるいは神に対する場合に用いられます。

これ以外の相手に対しては、相手が単数である場合でも複数形 شما を使うのが無難です。なお、尊敬表現として単数の相手に شما を使った場合も、対応する動詞は2人称複数形となります。

＊3人称

単数形 او は、性別に関係なく「彼、彼女」の両方に使います。آنها と ایشان はいずれも複数形ですが、現在では、آنها は言及する人物が実際に複数（「彼ら」）である場合に、ایشان は言及する人物が単数であっても敬意を払う場合（「あの方、こちらの方」）に用いられます。特に3人称で言及する人物が同席している場合は、単数形 او でなく、複数形 ایشان を用いるのが普通です。なお、文語や古典では、単数形 او のほかに、وی vey が用いられることがあります。

3　بودن 直説法現在形（第1変化）

بودن būdan は英語のbe動詞にあたる動詞です。現在形には、第1変化（接尾辞形）、第2変化（独立形）、第3変化（主に文語で使用）があり、人称（1・2・3人称）と数（単数・複数）によって変化します。最もよく使う第1変化と第2変化のうち、ここでは第1変化を学びます。

第1変化（接尾辞形）は最も頻繁に使われる形で、3人称単数形 است 以外は前の語につなげて書きます。第1変化にはストレスは置かれず、前の語のストレス位置を保ちながら続けて発音します。

	単数		複数	
1	ـَم	-am	ـیم	-īm
2	ـی	-ī	ـید	-īd
3	اَسْت	ast	ـَنْد	-and

- خوب　khūb「良い、元気な」

	単数		複数	
1	خُوبَم	khū́bam	خُوبیم	khū́bīm
2	خُوبی	khū́bī	خُوبید	khū́bīd
3	خوب اَسْت	khūb ast (khū́bast)	خُوبَنْد	khū́band

- بَلَد　balad「知っている、わかっている」

	単数		複数	
1	بَلَدَم	baládam	بَلَدیم	baládīm
2	بَلَدی	baládī	بَلَدید	baládīd
3	بَلَد اَسْت	balad ast (baládast)	بَلَدَنْد	baládand

شُما فارْسی بَلَدید؟　shomā fārsī baladīd?「あなたはペルシア語がわかりますか」

بَله، کَمی بَلَدَم.　bale, kamī baladam.「はい、（私は）少しわかります」

＊ بَله「はい」（肯定の返答）、کَمی「少し」はどちらも語頭にストレスを置きます。

این مِداد اَسْت.　īn medād ast.　これは鉛筆です。［مِداد　medād　鉛筆］

این گُل خِیلی قَشَنْگ اَسْت.　īn gol kheylī qashang ast.

この花はとてもきれいです。［گُل　gol　花、خِیلی　kheylī　とても］

اِمْروز هَوا خِیلی خوب اَسْت.　emrūz havā kheylī khūb ast.

今日はとても良い天気です。［اِمْروز　emrūz　今日、هَوا　havā　天気、天候］

　母音で終わる語にبودنの第1変化が接続する際は、3人称単数形以外でわたり音/y/を表すىを挿入し、前の語から離して書きます。ストレスは置きません。

	単数		複数	
1	اَم	-'am	ایم	-'īm
2	ای	-'ī	اید	-'īd
3	اَسْت	ast	اَنْد	-'and

• ژاپُنی zhāponī「日本人」

	単数		複数	
1	ژاپُنی اَم	zhāponī'am	ژاپُنی ایم	zhāponī'īm
2	ژاپُنی ای	zhāponī'ī	ژاپُنی اید	zhāponī'īd
3	ژاپُنی اَسْت	zhāponī ast	ژاپُنی اَنْد	zhāponī'and

• تِشْنه teshne「喉が渇いた」

	単数		複数	
1	تِشْنه اَم	teshné'am	تِشْنه ایم	teshné'īm
2	تِشْنه ای	teshné'ī	تِشْنه اید	teshné'īd
3	تِشْنه اَسْت	teshne ast	تِشْنه اَنْد	teshné'and

مَن ژاپُنی اَم. man zhāponī'am. 私は日本人です。

ما خَسْته ایم. mā khaste'īm. 私たちは疲れています。［خَسْته khaste 疲れた］

آنْها دانِشْجواَنْد. ānhā dāneshjū'and. 彼らは大学生です。

اسْت以外の形では、わたり音はاの代わりにؤやیで書かれることがあります。

مَن دانِشْجویَم. man dāneshjūyam. 私は大学生です。

第3課 指示代名詞・人称代名詞独立形・بودن直説法現在形

3人称単数形استは、原則として前の語から離して書きますが、特に母音で終わる語の後では続けて書かれる傾向があります。この場合、استのاは省略され、発音もā＋aがāに短縮されます。

اینْجا اَسْت　īnjā ast　→　اینْجاسْت　īnjāst　ここです　[اینْجا　īnjā　ここ]

آنْجا اَسْت　ānjā ast　→　آنْجاسْت　ānjāst　あそこです　[آنْجا　ānjā　あそこ]

کُجا اَسْت　kojā ast　→　کُجاسْت　kojāst　どこですか　[کُجا　kojā　どこ]

4　بودنの第2変化（独立形）

　第2変化は、前の語に続けて書かれる第1変化（接尾辞形）と異なり、常に単独で、前の語から離して書かれます。第2変化は、第1変化（接尾辞形）よりも強意になり、「〜である」以外に、「（〜が）ある、いる」といった存在を表す意味にも用いられます。ストレスはha-に置きます。

	単数		複数	
1	هَسْتَم	hástam	هَسْتیم	hástīm
2	هَسْتی	hástī	هَسْتید	hástīd
3	هَسْت	hást	هَسْتَنْد	hástand

　通常、第2変化は第1変化よりも強意になりますが、第1変化と第2変化にはそれほど明確な使い分けがあるわけではありません。母音で終わる語の後に続く場合などには、母音連続を避けるために第2変化が好まれるなど、特に強調する意図がなくても、「言いやすさ」が優先して用いられることがあります。

شُما ایرانی هَسْتید؟　shomā īrānī hastīd?　あなたはイラン人ですか。

بَچّه ها کُجا هَسْتَنْد؟　bachchehā kojā hastand?　子供たちはどこですか。

مَن و فَرْهاد دوسْت هَسْتیم.　man-o farhād dūst hastīm.

私とファルハード（男性）は友達です。[و　-o　…と…、دوسْت　dūst　友人]

5 بودنの現在・否定形

بودن現在の否定形は、第1変化・第2変化に共通して同じ形が用いられ、常に独立して書かれます。第2変化のha-をnī-に変えたと考えると憶えやすいでしょう。ストレスはnī-に置きます。

	単数		複数	
1	نیسْتَم	nístam	نیسْتیم	nístīm
2	نیسْتی	nístī	نیسْتید	nístīd
3	نیسْت	níst	نیسْتَنْد	nístand

مَن فارْسی بَلَد نیسْتَم.　man fārsī balad nīstam.　私はペルシア語がわかりません。

مَرْیَم اینْجا نیسْت.　maryam īnjā nīst.　マルヤム（女性）はここにはいません。

آن گوسْفَنْد اَسْت؟　ān gūsfand ast?

نَه، آن گوسْفَنْد نیسْت، آن بُز اَسْت.　na, ān gūsfand nīst, ān boz ast.

「あれはヒツジですか」「いいえ、あれはヒツジではありません。あれはヤギです」
［نه　na　いいえ（否定の返答）、گوسْفَنْد　gūsfand　ヒツジ、بُز　boz　ヤギ］

آنْها دانِشْجو نیسْتَنْد.　ānhā dāneshjū nīstand.　彼らは大学生ではありません。

6 語順 I

ペルシア語では、単文を作る際は、語順は基本的に日本語と同じで、主語＋補語（または目的語）＋動詞の順となります。

مَن کارْمَنْد هَسْتَم.　man kārmand hastam.

私は会社員です。［کارْمَنْد　kārmand　会社員］

این اُطاق بُزُرْگ اَسْت.　īn otāq bozorg ast.

この部屋は大きいです。［اُطاق　otāq　部屋］

疑問文は、語順は肯定文と変わらず、文末のイントネーションを上げます。

این زاینده رود اَست؟　īn zāyande rūd ast(↗)?　これはザーヤンデ河ですか。

疑問詞を含む疑問文では、イントネーションは下降調になります。

آن چه اَست؟　ān che ast(↘)?　あれは何ですか。

رِضا کُجاست؟　rezā kojāst(↘)?　レザー（男性）はどこですか。

ペルシア語には、イントネーションで疑問を表す以外に、文頭に置いて疑問文であることを示す آیا　áyā「～か？」があります。疑問詞を含む疑問文では用いられません。現在では、口語文中では通常は省略され、主に文語で用いられます。

ペルシア語では、動詞は主語の人称と数に対応して活用するため、動詞人称語尾だけでも主語を表すことができます。このため、代名詞が主語となる文では、特に強調したい場合を除き、主語はしばしば省略されます。

خِیلی مَمْنونَم.　kheylī mamnūnam.

どうもありがとう（＝私は感謝しています）。［مَمْنون　mamnūn　感謝した］

خوبی؟　khūbī?

خوبَم، مِرْسی.　khūbam, mérsī.

「（君は）元気？」「（私は）元気だよ、ありがとう」［مِرْسی　mérsī　ありがとう］

گُرُسنه اید؟　gorosne'īd?

بَله، کَمی گُرُسنه اَم.　bale, kamī gorosne'am.

「（あなたは）お腹がすいていますか」
「はい、（私は）少しお腹がすいています」［گُرُسنه　gorosne　空腹の］

ペルシア語では、主語が無生物の場合は、主語が複数形でも動詞に単数形を用いるのが普通です。

اینْها اَنْگُور اَسْت.

これら（の木）はブドウです。［اَنْگُور　angūr　ブドウ］

این کِتابْها خِیلی مُفید اَسْت.　īn ketābhā kheylī mofīd ast.

この本（複数形）はとても役に立ちます。［مُفید　mofīd　有用な、役に立つ］

ただし、名詞が無生物の場合も複数性を強調したい場合には、動詞にも複数形を用いることがあります。

این دو کَفْش با هَم جور نیسْتَنْد.　īn do kafsh bā ham jūr nīstand.

この２つの靴は（互いに）不ぞろいです。
　［دو　do　２、２つの、کَفْش　kafsh　靴、باهَم　bā ham　互いに、جور　jūr　合った、調和した］

主語が生物である場合は、複数形の主語には動詞の複数形が対応します。

آن بَچّه ها زِرَنْگَنْد.　ān bachchehā zerangand.

あの子供たちは悪賢いです。
　［زِرَنْگ　zerang　悪賢い、抜け目のない、巧妙な］

نَرْگِس و نَسْتَرَن دانِشْجوُاَنْد.　narges-o nastaran dāneshjū'and.

ナルゲスとナスタラン（いずれも女性）は大学生です。

7　否定疑問文に対する返答

　ペルシア語では、否定疑問文（「～ではないのですか」「～しないのですか」）に対する返答は、英語と同じタイプになります。つまり、相手の発言に対する是非でなく、「疑問文で問題とされている事象が真実か否か」に対して返答します。

شُما ایرانی نیسْتید؟　shomā īrānī nīstīd?

نَه، مَن ایرانی نیسْتَم.　na, man īrānī nīstam.

「あなたはイラン人ではないのですか」「はい、私はイラン人ではありません」

　この文では、相手の発言を肯定または否定するのではなく、疑問の内容（「イラン人かどうか」）自体に対して返答がされています。

　ただし、否定疑問文（「〜ではないのですか」）で聞かれた内容に対して、「いいえ、〜ですよ」と逆の返答をする場合には、肯定の返答 بله bále「はい」ではなく、چرا chérā（ストレスは語頭）「いいえ、どうして？」を使います。

شُما ایرانی نیسْتید؟　shomā īrānī nīstīd?

چِرا، مَن ایرانی هَسْتَم.　chérā, man īrānī hastam.

「あなたはイラン人ではないのですか」「いいえ、私はイラン人ですよ」

第4課　エザーフェ

1　エザーフェとは

たとえば「高い山」というとき、ペルシア語では、کوه kūh「山」を先に置き、そのあとに بلند boland「高い」を続け、これらの2つの語の修飾関係を表すために、その間を/-e/という音で結びます。

کوه kūh「山」＋ بُلَنْد boland「高い」→ کوهِ بُلَنْد kūh-e boland　高い山

このように、ある語（句）が後続の語句によって修飾される場合、修飾関係にある語句の間に入って、これらを互いに結びつける働きをする連結辞/-e/を、「エザーフェ」（اضافه ezāfe）と呼びます。اضافه とは、本来「付加・増加」の意味です。同様に、次の例をみてみましょう。

گُلِ سِفید　gol-e sefīd　　　白い花
اِسْمِ مَن　esm-e man　　　私の名前
زَبانِ ژاپُنی　zabān-e zhāponī　日本語

これらの例では、گل「花」、اسم「名前」、زبان「言語」が、それぞれ直後のسفید「白い」、من「私」、ژاپنی「日本の」とエザーフェ/-e/で結ばれ、後ろから修飾をうけていることを示します。

エザーフェは、ストレスを置かずに前の語に続けて発音されます。また、エザーフェは、/-e/という短母音であるため、表記の規則上、一部の場合を除き、文字には現れません。このため、ペルシア語を読む際には、語句と語句の修飾関係からエザーフェがあるべき箇所をあらかじめ把握し、自分でエザーフェを入れながら発音していく必要があります。修飾関係がまぎらわしい場合には、発音符号（◌ِ kasre）を付加して、エザーフェが入ることを示すことがあります。エザーフェの位置に注意して、以下の2文を比較しておきましょう。

این گُلِ سُرخ اَست. īn gol-e sorkh ast. これは赤い花（＝バラ）です。

این گُل سُرخ اَست. īn gol sorkh ast. この花は赤いです。［سُرخ sorkh 赤い］

　上で説明したように、エザーフェは、子音で終わる語に続く場合には、前の語に続けて/-e/をつけて一緒に発音されるだけで、文字には表記されません。ただし、以下のように、前に続く語が母音で終わる場合には、母音連続を避けるため、わたり音/y/を表すیなどが挿入されます。

１）前の語が/-ā/または/-ū/で終わる場合
　発音は/-ā-ye/, /-ū-ye/となり、یで書きます。

هَوا havā「天気」＋ خوب khūb「良い」

→ هَوایِ خوب havā-ye khūb　よい天気

مو mū「髪」＋ بُلَند boland「長い」 → مویِ بُلَند mū-ye boland　長い髪

２）前の語が/-e/（「サイレントのه」）で終わる場合
　発音は/-e-ye/となります。わたり音/y/は、ۀ またはیの２通りの方法で書かれます。最近ではیが好まれます。

خانه khāne「家」＋ بُزُرگ bozorg「大きな」

→ خانۀ بُزُرگ または خانه یِ بُزُرگ　大きな家

　＊発音はいずれも/khāne-ye bozorg/です。

３）前の語がی/-ī/で終わる場合
　語尾にیがあるため、文字では表記せず、そのまま/-ī-ye/と発音します。

ماهی māhī「魚」＋ تازه tāze「新鮮な」

→ ماهیِ تازه māhī-ye tāze　新鮮な魚

エザーフェによって被修飾語と修飾語句を結ぶ場合には、以下の点に注意することが必要です。

1）修飾語（句）が2つ以上ある場合

修飾語（句）を被修飾語の後に並べ、各語句の間にエザーフェを入れて連結します。

کِتاب ketāb「本」+ دوسْت dūst「友達」+ مَن man「私」

→ کِتابِ دوسْتِ مَن ketāb-e dūst-e man 私の友達の本

پادْشاه pādshāh「王」+ مَشْهور mashhūr「有名な」+ شاهْنامه shāhnāme『シャーナーメ（王書）』

→ پادْشاهِ مَشْهورِ شاهْنامه pādshāh-e mashhūr-e shāhnāme

『シャーナーメ』に出てくる有名な王

جُمْهوری jomhūrī「共和国」+ اِسْلامی eslāmī「イスラームの」+ ایران īrān「イラン」

→ جُمْهوریِ اِسْلامیِ ایران jomhūrī-ye eslāmī-ye īrān

イラン・イスラーム共和国

2）被修飾語が複数形である場合

被修飾語が複数形になる場合は、被修飾語に複数語尾をつけてから、修飾語句とエザーフェで結びます。

باغْ bāq「庭」+ ها‒ -hā（複数語尾）+ مَن man「私」

→ باغْهایِ مَن bāqhā-ye man 私の庭（複数）

روزْگار rūzgār「時代」+ ها‒ -hā（複数語尾）+ قَدیم qadīm「古い」

→ روزْگارهایِ قَدیم rūzgārhā-ye qadīm いにしえの時代

کِشوَر keshvar「国」+ ها‐ -hā（複数語尾）+ خارِجی khārejī「外国の」

→ کِشوَرهایِ خارِجی keshvarhā-ye khārejī 諸外国

دانِشجو dāneshjū「大学生」+ ان‐ -ān（複数語尾）+ دانِشگاه dāneshgāh「大学」+ مَن man「私」

→ دانِشجویانِ دانِشگاهِ مَن dāneshjūyān-e dāneshgāh-e man

　私の大学の学生（複数）

3）接続詞 و で結ばれた語句を連結する場合

　接続詞で結ばれた語句はひとかたまりとみなされるため、エザーフェを入れずにそのまま連結することができます。

گُربه gorbe「猫」+ سیاه و سِفید siyāh-o sefīd「黒白の」

→ گُربه یِ سیاه و سِفید gorbe-ye siyāh-o sefīd 黒白の猫

　この例は、接続詞を用いずにエザーフェで直接連結することも可能です。

گُربه ی سیاهِ سِفید gorbe-ye siyāh-e sefīd 黒くて白い猫

　意味はほぼ同じですが、接続詞が入る例の方が複合語的な（「黒白の」:「黒くて白い」）度合いが強くなります。

　ただし、以下のような例もみられます。

خانه khāne「家」+ پدَر و مادَر pedar-o mādar「両親」+ مَن man「私」

→ خانه یِ پدَر و مادَرِ مَن khāne-ye pedar-o mādar-e man　私の両親の家

　この場合は、接続詞 و を含めた پدر و مادر pedar-o mādar「両親（＝父親と母親）」が複合語としてひとまとまりで認識されているので、各語を分離してエザーフェで連結することはできません。接続詞 و の代わりにエザーフェで結ぶと、異なる意味になります。

خانه یِ پدَرِ مادَرِ مَن khāne-ye pedar-e mādar-e man　私の母親の父親の家

4）エザーフェが用いられない場合

　強めの副詞や数詞、序数詞、最上級、指示形容詞・疑問形容詞の一部は、ペルシア語の通常の語順とは異なり、修飾する語の前に置きます。このように、修飾関係が前から後ろに進む場合は、エザーフェは用いられません。

کوهِ خِیلی بُلَند　kūh-e kheylī boland　とても高い山

مادَرِ آن پِسَر　mādar-e ān pesar　あの少年の母親

　これらの例では、خیلی kheylī「とても」は前から بلند boland「高い」を、آن ān「あの」は前から پسر pesar「少年」を修飾するため、エザーフェは必要ありません。

5）エザーフェが省略される場合

　本来はエザーフェが必要な箇所でも、親族名称などのように、エザーフェを発音しなくても語句どうしの修飾関係が明らかな場合には、エザーフェが省略されることがあります。

پِدَر بُزُرگ　pedar bozorg　祖父［پِدَر pedar 父親、بُزُرگ bozorg 大きい］

راه آهَن　rāh āhan　鉄道［راه rāh 道、آهَن āhan 鉄］

ماهی سِفید　māhī sefīd　白魚（魚の名称）［ماهی māhī 魚、سِفید sefīd 白い］

cf. ماهیِ سِفید　māhī-ye sefīd　（色が）白い魚

تو اُطاق　tū otāq　部屋の中へ［تو tū 内部、اُطاق otāq 部屋（口語的用法）］

2　エザーフェの用法

　上でみてきたように、エザーフェは、ある語と後続の語句を関連づける、万能接着剤のような機能をもっています。エザーフェで結ぶことのできる語句は、名詞・代名詞・形容詞（句）などさまざまで、さらに、修飾関係にある語句ならば、いくつでもエザーフェで連結することができます。加えて発音もストレスをとらない軽い音/-e/ということもあり、その便利さ・手軽さゆ

えに、エザーフェはきわめて頻繁に用いられ、エザーフェによって連結された語句は多様な用法をもつことになります。

エザーフェで連結される語句には、大きく分けて以下のパターンがあります。

1）名詞・代名詞-e＋形容詞（句）

کیفِ جَدید　kīf-e jadīd　新しい財布
［کیف　kīf　財布＋جَدید　jadīd　新しい］

سَرمایِ شَدید　sarmā-ye shadīd　厳しい寒さ
［سَرما　sarmā　寒さ＋شَدید　shadīd　激しい、厳しい］

ماشینِ شَخْصی　māshīn-e shakhsī　自家用車
［ماشین　māshīn　車、自動車＋شَخْصی　shakhsī　個人の］

پَرَنْدهیِ سِفید　parande-ye sefīd　白い鳥
［پَرَنْده　parande　鳥＋سِفید　sefīd　白い］

پُستِ هَوایی　post-e havā'ī　航空便
［پُست　post　郵便＋هَوایی　havā'ī　航空の］

مَنِ بیچاره　man-e bīchāre　かわいそうな私
［مَن　man　私＋بیچاره　bīchāre　哀れな］

سَگِ سیاهِ بُزُرْگ　sag-e siyāh-e bozorg　大きな黒い犬
［سَگ　sag　犬＋سیاه　siyāh　黒い＋بُزُرْگ　bozorg　大きな］

修飾語句が前置詞句の場合は、エザーフェは必要ありません。ただし、近年ではエザーフェが入ることがあります。

تِلِفُن اَز تِهْران　telefon az tehrān　テヘランからの電話
［تِلِفُن　telefon　電話＋اَز　az　〜から＋تِهْران　tehrān　テヘラン］

راه به مَشْهَد rāh be mashhad　マシュハドへの道

　[راه rāh　道 + مَشْهَد mashhad　マシュハド（都市の名前）]

cf. عَلاقه (ي) به این هُنَر 'alāqe(-ye) be īn honar　この芸術に対する興味

　[عَلاقه 'alāqe　興味 + به be　〜に、〜へ + این īn　この + هُنَر honar　芸術]

2）名詞-e+名詞（句）・代名詞

　名詞と名詞（句）がエザーフェで連結されるときは、所有、起源、同格、材質、比喩など、さまざまな意味になります。また、被修飾語が不定詞や動詞起源の名詞である場合、修飾語（句）はその動作主や目的語を表すことがあります。

كِشْوَرِ ما keshvar-e mā　私たちの国　[كِشْوَر keshvar　国 + ما mā　私たち]

تَخْتِ جَمْشید takht-e jamshīd　ペルセポリス（＝ジャムシードの王座）

　[تَخْت takht　王座 + جَمْشید jamshīd　ジャムシード（伝説上の王の名前）]

سِكّه ي طَلا sekke-ye talā　金貨　[سِكّه sekke　コイン + طَلا talā　金]

كِشْوَرِ ایران keshvar-e īrān　イラン国　[كِشْوَر keshvar　国 + ایران īrān　イラン]

رُستَمِ زال rostam-e zāl　ザールの息子ロスタム

　[رُستَم rostam　ロスタム + زال zāl　ザール（ともに『王書』に出てくる英雄）]

كَلَمه ي سَخْت kalame-ye sakht　「難しい」という語

　[كَلَمه kalame　単語 + سَخْت sakht　難しい]

آقاي مَجیدي āqā-ye majīdī　マジーディーさん［男性］

　[آقا āqā　紳士、氏、〜さん（男性に対する敬称）+ مَجیدي majīdī　マジーディー]

خانُمِ مَجیدي khānom-e majīdī　マジーディーさん［女性］

　[خانُم khānom　淑女、夫人、〜さん（女性に対する敬称）+ مَجیدي]

مَرْگِ سُهْراب　marg-e sohrāb　ソフラーブの死

［مَرْگ　marg　死 ＋ سُهْراب　ソフラーブ（男性の名前、『王書』に出てくる英雄）］

لَبِ لَعْل　lab-e la'l　ルビーのような唇、深紅の唇

［لَب　lab　唇 ＋ لَعْل　la'l　ルビー］

نِوِشْتَنِ این نامه　neveshtan-e īn nāme　この手紙を書くこと

［نِوِشْتَن　neveshtan　書く（こと）＋ نامه　nāme　手紙］

3）形容詞-e＋形容詞

同じ形容詞を繰り返して連結すると、強調の意味になります。

سِفیدِ سِفید　sefīd-e sefīd　真っ白な

گوشتِ تازه یِ تازه　gūsht-e tāze-ye tāze　とびきり新鮮な肉

［گوشت　gūsht　肉 ＋ تازه　tāze　新鮮な］

第5課　無強勢の-ī・定を表す表現

1　無強勢の-ī

　ペルシア語では、ある名詞が接尾辞をともなわずに文中で用いられる場合、その語は、総称としての意味、話題の中心としなくてもよいもの・こと、あるいは、話し手と聞き手の間で特に説明を必要としない特定の事象のいずれかを指します。たとえば、کتاب ketāb「本」は、

- 「本というもの」
- 特に会話中でトピックにならない「本」
- 特定の「本」（どの本を指すか話し手と聞き手で了解ができている「本」）

のいずれかを表します。

　一方で、その名詞が不定であったり、その名詞が初出でこれからトピックとなったり（「昨日、私は<u>ある本</u>を買ったのですが、その本が…」）、後に修飾語句・節がついて限定されたりするような場合（「これはとても役に立つ本です」）、その名詞に「無強勢の-ī」と呼ばれる、ストレスをともなわない接尾辞 -ī をつけて表します。

　「無強勢の-ī」は、従来の多くのペルシア語文法書では「不定の-ī」と呼ばれています。しかしながら、この-īは、不定を表す以外にもさまざまな用法があり、「不定の-ī」という名称は、必ずしもこの-īの機能を網羅的に表しているわけではありません。そこで本書では、この-īを、その音声上の特徴から、単に「無強勢の-ī」と呼ぶことにします。

　なお、ペルシア語の接尾辞-īには、本課で学ぶ①ストレスをとらない「無強勢の-ī」と、②ストレスをとる「強勢のある-ī」があり、それぞれ異なった機能をもちます。つまり、以下の例のように、ストレスを置くか否かで、全く意味が異なってくる場合があるので、どちらの-īなのかよく見極める必要があります。「強勢のある-ī」については、後の課で学びます。

　　کِتابی　　ketābī　　ある本

　　کِتابی　　ketābī　　本の、書き言葉の、書き言葉のように

2 「無強勢の-ī」の表記法

「無強勢の-ī」は、以下のように、接続する語の語末音によって書き方が変わるので、注意が必要です。

1）子音で終わる語につく場合：語尾に ی -ī をつけます。

دِرَخْت　derakht　木　→　دِرَخْتی　derákhtī

روز　rūz　日　→　روزی　rū́zī

2）-āおよび-ūで終わる語につく場合

یی または ئی をつけます（ی, ئ はわたり音を表します）。

دانِشْجو　dāneshjū　学生

→　دانِشْجویی dāneshjū́yī または دانِشْجوئی dāneshjū́ī

دِرَخْتها　derakhthā　木（複数）

→　دِرَخْتهایی derakhthā́yī または دِرَخْتهائی derakhthā́ī

جا　jā　場所　→　جایی jāyī または جائی já̄ī

3）「サイレントの ه」で終わる語につく場合

ای をつけます（ا はわたり音 /y/ を表します）。

خانه　khāne　家　→　خانه ای　khāné'ī

cf. دِه　deh　村　→　دِهی　déhī
＊サイレントの ه ではないので、上記1）に従って ی をつけます。

4）-ī で終わる語

ای または ی をつけますが、しばしば省略されることがあります。

ماهی　māhī　魚　→　ماهی ای māhí̄ī または ماهیی māhíyī

صَنْدَلی sandalī　イス　→　صَنْدَلیی sandalī'ī　または　صَنْدَلِیی sandalīyī

5）エザーフェで連結された「名詞＋修飾語句」につく場合、通常は「無強勢の-ī」をエザーフェで結ばれた語句の最後につけます。

دُخْتَر dokhtar 「娘」＋ قَشَنگ qashang「美しい」＋ ی‐ -ī（無強勢の-ī）

→ دُخْتَرِ قَشَنگی dokhtar-e qashangī　ある美しい娘

پِزِشْک pezeshk「医者」＋ ماهِر māher「熟練した」＋ مِهْرَبان mehrabān「親切な」＋ ی‐ -ī（無強勢の-ī）

→ پِزِشْکِ ماهِرِ مِهْرَبانی pezeshk-e māher-e mehrabānī　腕のよい親切な医者

ただし、語調を整える場合などには、「無強勢の-ī」が被修飾語の名詞につく場合もあります。いずれの言い方でも意味は変わりませんが、この場合は修飾語句との間のエザーフェが省略されます。

دُخْتَری قَشَنگ dokhtarī qashang　＝　دُخْتَرِ قَشَنگی dokhtar-e qashangī　ある美しい娘

کوهی بُلَنْد kūhī boland　＝　کوهِ بُلَنْدی kūh-e bolandī　ある高い山

3「無強勢の-ī」の用法

「無強勢の-ī」は、基本的に、話し手がその名詞に一定の分類を与えたり、説明を加えたりして、何らかのマークをつけてその語を目立たせるときに用いられます。主な用法は以下の通りです。

1）不定を表す場合
　その名詞が、修飾語句が表すカテゴリーに属する任意の個体（つまり不定）であることを表します。

فَرْزانه دُخْتَرِ خوبی اَسْت. farzāne dokhtar-e khūbī ast.

ファルザーネはいい子です。

تَرْجُمه کارِ ساده ای نیسْت. tarjome kār-e sāde'ī nīst.

翻訳は簡単な仕事ではありません。

［تَرْجُمه tarjome 翻訳、کار kār 仕事、ساده sāde 単純な］

2) トピック紹介

　話し手が、ある語を話題として紹介し、この語について何らかの説明を与えようとする場合、そのトピックとなる単語に「無強勢の-ī」をつけます。

　このように「無強勢の-ī」でトピック化して紹介された語は、多くの場合、その後に続く文中で指示代名詞などによって受けられます。

یِکی بود یِکی نَبود، یِک پیرزَنی بود دَر دِهِ کوچِکی.
yekī būd yekī nabūd, yek pīrezanī bud dar deh-e kūchekī.

昔々、(ある)小さな村に(ある)おばあさんがいました。

［یِکی بود یِکی نَبود yekī būd yekī nabūd 昔々（物語導入部の定型表現）、پیرزَن pīrezan 老女、おばあさん、دِه deh 村、کوچِک kūchek 小さい］

3)「ちょっとした〜」

　最小の単位や、量や程度が軽微であることを表します。

مُدَّتی moddatī しばらく［مُدَّت moddat 期間］

مَسْئَله ای نیسْت. mas'ale'ī nīst.

問題ないですよ、いいですよ（＝一つの問題もないですよ）

［مَسْئَله mas'ale 問題、課題］

راهی نیسْت. rāhī nīst.

大した道のりではありませんよ。［راه rāh 道、道のり、行程］

4）「～につき、～あたり」

سالی　　sālī　　年に　［سال　sāl　年］
هَفْته ای　　hafte'ī　　週に　［هَفْته　hafte　週］
نَفَری　　nafarī　　一人あたり　［نَفَر　nafar　人］

این کیلویی ۲۰۰۰ ریال اَست.　īn kīlo'ī do hezār riyāl ast.

これはキロあたり2000リヤールです。［کیلو　kīlo　キロ（kg, kmのいずれかの省略）、ریال　riyāl　リヤール（イランの通貨単位）］

口語では、「無強勢の-ī」の他に、名詞の前に数詞یک yek「1、ひとつ」を置いても、「ある～、1つの～」の意味を表すことができます（یک روز yek rūz「ある日」など）。また、「ある～」という意味を特に強調したい場合には、یکと「無強勢の-ī」が同時に使われることがあります。

4　定に関わる表現
1）後置詞را

「アリーの本」「あなたの母親」「あの窓」「私が昨日買った服」などのような特定の個体が、文中で他動詞の直接目的語となる場合、ペルシア語では、その名詞（句）に後置詞را rā「～を」をつけて表します。راはペルシア語で唯一の後置詞です。具体的には、以下のような語句が直接目的語となる場合、後にراが置かれます。

①固有名詞を含む語句
②人称代名詞を含む語句
③指示代名詞を含む語句
④再帰代名詞を含む語句
⑤疑問詞を含む語句
⑥修飾節や関係詞節などによって説明が加えられている語句
⑦どの個体を示すか話者間で明らかな事象を表す語句

فاطِمه را	fāteme rā	ファーテメ（女性）を
کِتابِ حَسَن را	ketāb-e hasan rā	ハサン（男性）の本を
او را	ū rā	彼を、彼女を
مادَرِشُما را	mādar-e shomā rā	あなたのお母さんを
آن را	ān rā	それを
کُدام رَنگ را	kodām rang rā	どの色を [کُدام kodām どの、رَنگ rang 色]
این پِسته را	īn peste rā	このピスタチオを [پِسته peste ピスタチオ]
نامه را	nāme rā	（その）手紙を [どの手紙か明らかな場合]

را は、通常は前の単語から離して書かれますが、続けて書いても構いません。ただし、人称代名詞 مَن, تو に را を続けて書く場合には、それぞれ省略形の مَرا marā, تُرا torā が用いられることがあります。

را は、かつては「〜に、〜にとって」という意味で使われていました。このため را には、上記の直接目的語を表す以外に、この古い用法の名残がみられることがしばしばあります。

او را دو پِسَر بود. ū rā do pesar būd. 彼には２人の息子がいました。

خُدا را شُکر! khodā rā shokr! ありがたい！（＝神に感謝を）[خُدا khodā 神]

2）定の -e

口語では、特定の名詞の語尾に ه/-e をつけて、「あの〜、その〜」を表すことがあります。特に、前の文で一度紹介した事物を受け直すときなどに多く用いられます。

آقا خُروسه گُفت... āqā khorūse goft...

そのオンドリさんは言いました... [خُروس khorūs オンドリ]

第6課　不定詞・単純過去形

1　不定詞

不定詞は、動詞の基本形として、辞書の見出しとなるほか、文中で用いられた場合は動名詞に似た働きをします。ペルシア語の不定詞は、دن‒/-dan/または تن‒/-tan/のいずれかで終わります。有声子音（/b/, /n/など）と母音の後では دن‒/-dan/、無声子音（/s/, /t/など）の後では تن‒/-tan/となります。

آمَدَن	āmadan	来る	خورْدَن	khordan	食べる
خوانْدَن	khāndan	読む	آموخْتَن	āmūkhtan	学ぶ
رَفْتَن	raftan	行く	بَسْتَن	bastan	閉める

2　過去語幹

ペルシア語の動詞には、過去語幹、現在語幹の2種類の語幹があります。ここでは、作り方がより簡単な、過去語幹について学びます。

過去語幹は、不定詞から ن‒/‒an/を除くことで規則的に作ることができ、د‒/-d/または ت‒/-t/のいずれかで終わります。

不定詞			過去語幹	
آمَدَن	āmadan	来る	آمَد‒	āmad-
خورْدَن	khordan	食べる	خورد‒	khord-
خوانْدَن	khāndan	読む	خوانْد‒	khānd-
آموخْتَن	āmūkhtan	学ぶ	آموخْت‒	āmūkht-
رَفْتَن	raftan	行く	رَفْت‒	raft-
بَسْتَن	bastan	閉める	بَسْت‒	bast-

بُرْدَن	bordan	もっていく	بُرْد-	bord-
مانْدَن	māndan	留まる	مانْد-	mānd-
داشْتَن	dāshtan	持つ	داشْت-	dāsht-
کَرْدَن	kardan	〜する	کَرْد-	kard-
گُفْتَن	goftan	言う	گُفْت-	goft-
بودَن	būdan	〜である	بود-	būd-

3　動詞人称語尾Ⅰ

　動詞につく人称語尾には、過去語幹を基本とする活用形（単純過去形、未完了過去形、過去進行形）を作る際に用いられる動詞人称語尾Ⅰと、現在語幹を基本とする活用形（直説法現在形、現在進行形、接続法現在形）に用いられる動詞人称語尾Ⅱがあります。ここで紹介する人称語尾Ⅰは以下の通りです。

	単数		複数	
1	مَ –	-am	یم –	-īm
2	ی –	-ī	ید –	-īd
3	–	–	نْدَ –	-and

＊3人称単数形では、語尾はゼロになります。

4　単純過去形

　ペルシア語の過去形には、単純過去形と、未完了過去形があり、いずれも直説法に含まれます。直説法とは、話し手が、事実、または事実であると判断したことを述べる際に用いる話法です。この課では、まず単純過去形について学びます。単純過去形は、過去語幹＋動詞人称語尾Ⅰから作ります。ス

トレスは過去語幹の上に置きます。

- کَرْدَن kardan「〜する」：過去語幹 – کَرْد kard-

	単数		複数	
1	کَرْدَم	kárdam	کَرْدیم	kárdīm
2	کَرْدی	kárdī	کَرْدید	kárdīd
3	کَرْد	kárd	کَرْدَنْد	kárdand

- گُفْتَن goftan「言う」：過去語幹 – گُفْت goft-

	単数		複数	
1	گُفْتَم	góftam	گُفْتیم	góftīm
2	گُفْتی	góftī	گُفْتید	góftīd
3	گُفْت	góft	گُفْتَنْد	góftand

単純過去の否定形は、肯定形の前にنَ/na-/をつけます。ストレスはna-に置きます。

- کَرْدَن kardan「〜する」：過去語幹 – کَرْد kard-

	単数		複数	
1	نَکَرْدَم	nákardam	نَکَرْدیم	nákardīm
2	نَکَرْدی	nákardī	نَکَرْدید	nákardīd
3	نَکَرْد	nákard	نَکَرْدَنْد	nákardand

第6課　不定詞・単純過去形

- گُفْتَن goftan「言う」：過去語幹 – گُفْت goft-

	単数		複数	
1	نَگُفْتَم	nágoftam	نَگُفْتیم	nágoftīm
2	نَگُفْتی	nágoftī	نَگُفْتید	nágoftīd
3	نَگُفْت	nágoft	نَگُفْتَنْد	nágoftand

* 過去語幹がī以外の母音で始まる動詞では、نَ/na-/と過去語幹の間に、わたり音/y/を表すیを挿入します。

- آوَرْدَن āvardan「持ってくる」：過去語幹 – آوَرْد āvard-

	単数		複数	
1	نَیاوَرْدَم	náyāvardam	نَیاوَرْدیم	náyāvardīm
2	نَیاوَرْدی	náyāvardī	نَیاوَرْدید	náyāvardīd
3	نَیاوَرْد	náyāvard	نَیاوَرْدَنْد	náyāvardand

- اُفْتادَن oftādan「落ちる」：過去語幹 – اُفْتاد oftād-

	単数		複数	
1	نَیُفْتادَم	náyoftādam	نَیُفْتادیم	náyoftādīm
2	نَیُفْتادی	náyoftādī	نَیُفْتادید	náyoftādīd
3	نَیُفْتاد	náyoftād	نَیُفْتادَنْد	náyoftādand

5　単純過去形の用法

単純過去形は、過去に起きた（または起きたと話し手が認識している）動作・状態を述べる際に用います。

این کِتاب را خواندید؟ īn ketāb rā khāndīd?

بَله، خواندَم. bale, khāndam.

「（あなたは）この本を読みましたか」「はい、（私は）読みました」

اِمْروز صُبْح خواهَرِ شُما را دیدیم. emrūz sobh khāhar-e shomā rā dīdīm.

今朝、私たちはあなたの妹に会いました。

［اِمْروز صُبْح emrūz sobh 今朝、 خواهَر khāhar 姉妹］

دانِشْجویان دیروز نیامَدَنْد. dāneshjūyān dīrūz nayāmadand.

学生たちは昨日、来ませんでした。

او این لِباس را به دُخْتَرِ مَن داد. ū īn lebās rā be dokhtar-e man dād.

彼女はこの洋服を私の娘にくれました。［لِباس lebās 洋服、به be ～へ、～に］

آنْوَقْت مَن صِدایی شِنیدَم. ānvaqt man sedāyī shenīdam.

その時、私はある音を聞きました。

［آنْوَقْت ānvaqt その時、صِدایی：صِدا sedā 音、声］

単純過去形は、確定している（と話し手が感じている）動作や事態に用いることもあります。日本語の「さあ、帰った帰った！」「ちょっと待った！」などの過去形の使い方に近いと考えるとよいでしょう。

خوب، مَن رَفْتَم، خُدا حافِظ! khob, man raftam, khodā hāfez!

では、私は帰ります、さようなら。［خوب 良い（本来はkhūbですが、khobと発音された場合は「さあ、さて」の意味になります）、خُدا حافِظ khodā hāfez さようなら（＝神のご加護を）］

مَرْیَم، کُجایی؟ maryam, kojāyī? 「マルヤム（女性）、どこにいるの」

آمَدَم! āmadam! 「（今）行くよ！」

6　بودنの単純過去形

بودنの単純過去形も、上の一般動詞と同様に作ることができます。第3活用まである現在形とは異なり、بودنの過去形はこの形のみです。

	単数		複数	
1	بودَم	búdam	بودیم	búdīm
2	بودی	búdī	بودید	búdīd
3	بود	búd	بودَنْد	búdand

［否定形］

	単数		複数	
1	نَبودَم	nábūdam	نَبودیم	nábūdīm
2	نَبودی	nábūdī	نَبودید	nábūdīd
3	نَبود	nábūd	نَبودَنْد	nábūdand

مَن دیروز مَریض بودَم．　man dīrūz marīz būdam.

私は昨日、病気でした。［مَریض　marīz　病気の］

آنْها دَر اِصْفَهان بودَنْد．　ānhā dar esfahān būdand.

彼らはイスファハーンにいました。［دَر　dar　～に、～で］

خیابان خِیلی شُلوغ بود．　khiyābān kheylī sholūq būd.

通りは大変混んでいました。［خیابان　khiyābān　通り、شُلوغ　sholūq　混雑した］

دیروز حالِ او خوب نَبود．　dīrūz hāl-e ū khūb nabūd.

昨日は彼女の具合はよくありませんでした。［حال　hāl　具合、体調、調子］

7　不定詞の用法

不定詞は、文中で用いられる際には、動名詞（「～こと」）のように用いられ、主語や補語、前置詞や動詞の目的語などになります。

خواسْتَن تَوانِسْتَن اَسْت. khāstan tavānestan ast.

「望めば叶う」＝欲することはできることである（格言）
［خواسْتَن khāstan 欲する、望む、تَوانِسْتَن tavānestan ～できる］

سَنْگِ بُزُرْگ بَرْداشْتَن نِشانه ی نَزَدَن اَسْت.
sang-e bozorg bardāshtan neshāne-ye nazadan ast.

「大きな石を取ることは、それを投げない印なり」（諺）［سَنْگ sang 石、بَرْداشْتَن bardāshtan 取り上げる、نِشانه neshāne マーク、目印］

تُنْد رانْدَن خَطَرْناک اَسْت. tond rāndan khatarnāk ast.

スピード運転は危険です。（＝スピードを出して運転することは危険です）
［تُنْد tond 速い、速く、رانْدَن rāndan 運転する、خَطَرْناک khatarnāk 危険な］

زيره به کِرْمان بُرْدَن. zīre be kermān bordan.

「ケルマーン（地名）にクミンをもっていくこと」＝無駄なことをすること：ケルマーンはクミンの特産地であることから（諺）［زيره zīre クミン］

不定詞の目的語は、不定詞の前にも後にも置くことができます。目的語を後に置く場合は、エザーフェで不定詞と目的語とを連結します。目的語を不定詞の前に置く場合は、目的語と不定詞の間にエザーフェは必要ありません。目的語が不定詞の前に置かれる場合は、連結度が強くなり、熟語のように用いられることがあります。

کِتاب خوانْدَن　ketāb khāndan　読書、本を読むこと

خوانْدَنِ کِتاب　khāndan-e ketāb　本を読むこと

بَرايِ خَريدَنِ ميوه　barāye kharīdan-e mīve　果物を買うために
［... بَرايِ barāye ～のために、خَريدَن kharīdan 買う、ميوه mīve 果物］

اَز دیدَنِ شُما خِیلی خوشْوَقْتَم. az dīdan-e shomā kheylī khoshvaqtam.

あなたにお会いできてとてもうれしいです。［اَز az 〜から、〜で、دیدَن dīdan 会う、خوشْوَقْت khoshvaqt うれしい］

不定詞の主語や目的語が人称代名詞である場合は、必ず後置し、間をエザーフェで結びます。

دیدَنِ او dīdan-e ū 彼女を見ること；彼女に会うこと

آمَدَنِ مَن āmadan-e man 私が来ること

قَبْل اَز رِسیدَنِ دانِشْجویان qabl az resīdan-e dāneshjūyān

学生たちが到着する前に［قَبْل اَز qabl az 〜の前に、رِسیدَن resīdan 到着する］

不定詞に強勢のある接尾辞 -ī をつけると、「〜できる、〜すべき」の意味になります。

شِکَسْتَنی	shekastanī	壊れるべき；壊れやすい［← شِکَسْتَن 壊れる］
رَفْتَنی	raftanī	死すべき運命の；はかない［← رَفْتَن 行く、去る］
دیدَنی	dīdanī	見るべき［← دیدَن 見る］
دوسْت داشْتَنی	dūst dāshtanī	愛すべき［← دوسْت داشْتَن 好む、愛する］
جای دیدَنی	jā-ye dīdanī	見るべき場所
کِتابِ خواندَنی	ketāb-e khāndanī	読むべき本

این آب خورْدَنی اَسْت؟ īn āb khordanī ast?

この水は飲用ですか；この水は飲めますか。

第7課　人称代名詞接尾辞形

ペルシア語の人称代名詞には、第3課で学んだ独立形のほかに、名詞、動詞、前置詞などの語に接続し、属格（「～の」）の働きをしたり、動詞の目的語（「～を、～に」）、前置詞の目的語などとなる接尾辞形があります。

1　人称代名詞接尾辞形

人称代名詞接尾辞形の基本形は以下の通りです。人称代名詞接尾辞形はストレスをとらず、接続する語のストレスの位置を保ったまま、前の語に続けて発音します。

	単数		複数	
1	مَ	-am	مان ِ	-emān
2	تَ	-at/-et	تان ِ	-etān
3	شَ	-ash/-esh	شان ِ	-eshān

＊ 2人称単数-at/-etと3人称単数-ash/-eshは、接続する語の母音によって、かなり自由に交替します。

＊ 3人称単数 ش‑ は、指示代名詞に対応する接尾辞形としても用いられます。

たとえば「私の家」と言いたい場合、前の課までは、منزل manzel「家」の後に人称代名詞の独立形 من man「私」を置き、その間をエザーフェで結んで、منزل من manzel-e man のように表してきました。

しかし「～の家」という表現は、この接尾辞形を用いると次のように一語で表すことができます。

- مَنْزِل manzel「家（home）」

単数		複数	
1	مَنْزِلَم manzélam	مَنْزِلِمان	manzélemān
2	مَنْزِلَت manzélat	مَنْزِلِتان	manzéletān
3	مَنْزِلَش manzélash	مَنْزِلِشان	manzéleshān

人称代名詞接尾辞形では、上にあげた基本形に加えて、接続する語の語末音によって、以下の形が使い分けられます。

１）-ā, -ū, -oで終わる語に接続する場合

母音連続を避けるため、わたり音/y/を表すىを挿入した形になります。

単数		複数	
1	– يَم -yam	– يِمان -yemān
2	– يَت -yat	– يِتان -yetān
3	– يَش -yash	– يِشان -yeshān

- عَمو 'amū「父方のおじ」

単数		複数	
1	عَمويَم 'amúyam	عَمويِمان 'amúyemān
2	عَمويَت 'amúyat	عَمويِتان 'amúyetān
3	عَمويَش 'amúyash	عَمويِشان 'amúyeshān

- بَچّه ها bachchehā「子供（複数）」

	単数		複数	
1	بَچّه هایَم	bachchehā́yam	بَچّه هایِمان	bachchehā́yemān
2	بَچّه هایَت	bachchehā́yat	بَچّه هایِتان	bachchehā́yetān
3	بَچّه هایَش	bachchehā́yash	بَچّه هایِشان	bachchehā́yeshān

2）-e（サイレントの ه）に接続する場合

単数形では母音連続を避けるために、わたり音/'/を表すاを挿入した形になります。単数・複数いずれの形も、語末の ه から離して書きます。

	単数		複数	
1	اَم–	-am	مان–	-mān
2	اَت–	-at	تان–	-tān
3	اَش–	-ash	شان–	-shān

- خانه khāne「家（house）」

	単数		複数	
1	خانه اَم	khāne'am	خانه مان	khānemān
2	خانه اَت	khāne'at	خانه تان	khānetān
3	خانه اَش	khāne'ash	خانه شان	khāneshān

2　人称代名詞接尾辞形の用法

人称代名詞接尾辞形は、接続する語の種類や文脈によって、多彩な働きを

するので、よく練習することが必要です。以下に、人称代名詞接尾辞形の主な用法をあげておきます。

１）名詞に接続する場合

　人称代名詞接尾辞形が名詞につく場合は、接続する名詞の部分や属性、所有物などを表します。日本語では省略されるような場合でも、ペルシア語では「だれの」、または「何の」の部分・所属・所有物かをはっきりと示す必要がありますので、よく練習しましょう。

پِدَرَم pedaram　私の父

سَرَش sarash　彼の頭　［سَر　sar　頭］

دوربینِتان dūrbīnetān　あなたのカメラ　［دوربین　dūrbīn　カメラ］

عَمّه شان 'ammeshān
彼らの（父方の）おば　［عَمّه　'amme　（父方の）おば］

حالِتان چِطُور اَست؟ hāletān chetowr ast?

あなたの具合はいかがですか：調子はどうですか。
　　　　［چِطُور　chetowr　どのような、どのように］

آنها خانِواده تان هَستَند؟ ānhā khānevādetān hastand?

彼らはあなたの家族ですか。［خانِواده　khānevāde　家族］

اِسمِش چیسْت؟ esmesh chīst?
彼の名前は何ですか。［اِسم　esm　名前］

مَزه اَش چِطُور اَست؟ maze'ash chetowr ast?

（その）味はいかがですか。［مَزه　maze　味］

　名詞がエザーフェや接続詞و で連結されている場合は、この名詞＋修飾語句をひとまとまりのグループと見なすため、人称代名詞接尾辞形は語句の最後

の語の語尾につけます。

دوستِ عَزیزَم dūst-e 'azīzam 私の親愛なる友 [عَزیز 'azīz 親愛なる]

ماشینِ جَدیدِمان māshīn-e jadīdemān

私たちの新しい車 [ماشین māshīn 車、جَدید jadīd 新しい]

بَرادَرِ کوچِکَش barādar-e kūchekash

彼の弟 [بَرادَر barādar 兄弟、کوچِک kūchek 小さい、年下の]

پِدَر و مادَرِتان pedar-o mādaretān

あなたの両親 [پِدَر و مادَر pedar-o mādar 両親]

اِسمِ خواهَرِ بُزُرگَش چیست؟ esm-e khāhar-e bozorgash chīst?

彼の姉の名前は何ですか。

رَنگِ لِباسَش آبی اَست. rang-e lebāsash ābī ast.

彼女の服の色は青です。[آبی ābī 青い]

2) 単純動詞に接続する場合

人称代名詞接尾辞形は、動詞の活用形につくと、動詞の直接目的語または間接目的語を表します。

نَدیدَمِش nadīdamesh 私は彼女を見ませんでした（ندیدم + ش-）

گُفتَمِش goftamesh 私は彼女に言いました（گفتم + ش-）

3) بودنの直説法現在形につく場合（3人称単数形のみ）

بودن直説法現在形の3人称単数形では、本来は必要のない人称代名詞接尾辞形を付加して口調を整え、主語を強調することがあります。特にテヘラン標準語に多く見られます。

کُجا هَستِش؟ kojā hastesh? （彼は）どこにいますか。

第7課 人称代名詞接尾辞形

اینْجا نیسْتِش． īnjā nīstesh　（彼は）ここにはいません。

4）不定詞に接続する場合

不定詞の目的語や動作主は、人称代名詞接尾辞形で表すこともできます。

دیدَنَش　dīdanash　彼女に会うこと（=دیدنِ او）

آمَدَنَش　āmadanash　彼が来ること（=آمدنِ او）

3　二重主語構文

「ゾウは鼻が長い」などのような、いわゆる二重主語構文は、ペルシア語では人称代名詞接尾辞形を使って表すことができます。

تو زورَت زیاد اَسْت．　to zūrat ziyād ast.　君は力が強い。

この例文では、まず、تو「君は（君に関しては）」とトピックが提供され、文法上の主語になるزور「力」に「君」に対応する人称代名詞接尾辞形が付加されています。この文では、文法上の主語は「君の力」になりますので、動詞には、「力」に対応する 3 人称単数形を使います。直訳すると「君は、（君の）力が強い」という意味になります。ペルシア語でこのタイプの文を作る場合は、日本語とは異なり、人称代名詞接尾辞形は省略することはできず、必ず「誰の〇〇であるか」と所有者を明らかにする必要があります。

این دورْبین جِنْسِش خوب اَسْت．　īn dūrbīn jensesh khūb ast.

このカメラは品質が良いです。［جِنْس　jens　品質］

قالیهایِ ایرانی هَمه شان قَشَنْگ اَسْت．　qālīhā-ye īrānī hameshān qashang ast.

イランの絨毯はどれも美しいです。［قالی　qālī　絨毯、هَمه　hame　全て］

شاهْنامه آخِرَش خوب اَسْت．　shāhnāme ākherash khūb ast.

「終わり良ければすべて良し」=『シャーナーメ（王書）』は（その）終わりは良い（諺）［آخِر　ākher　終わり、最後］

第8課　直説法現在形・現在進行形

1　現在語幹

　現在語幹は、この課で学ぶ直説法現在形や、命令形、接続法現在形、現在分詞などを作る際に用いられます。

　不定詞から規則的に作ることができる過去語幹とは異なり、現在語幹は、不規則な形をとることが多いため、それぞれの動詞について、現在語幹を個別に憶えなくてはなりません。基本動詞の現在語幹については、巻末に一覧をあげてあります。以下は一例です。

不定詞			現在語幹	
آمَدَن	āmadan	来る	آ–	ā-
اُفْتادَن	oftādan	落ちる	اُفْت–	oft-
پوشیدَن	pūshīdan	着る	پوش–	pūsh-
خوردَن	khordan	食べる	خور–	khor-
دادَن	dādan	与える	دِه–	dah-/deh-
داشْتَن	dāshtan	持つ	دار–	dār-
رَفْتَن	raftan	行く	رو–	rav-/row
زَدَن	zadan	打つ、たたく	زَن–	zan-
شُدَن	shodan	〜になる	شو–	shav-/show
فُروخْتَن	forūkhtan	売る	فُروش–	forūsh-
کَردَن	kardan	〜する	کُن–	kon-
گِرِفْتَن	gereftan	得る	گیر–	gīr-

گُفْتَن	goftan	言う	گو-	gū-
نِوِشْتَن	neveshtan	書く	نِویس-	nevīs-
بودَن	būdan	〜である	باش-	bāsh-

2　動詞人称語尾Ⅱ

　動詞人称語尾Ⅱは、現在語幹から作られる活用形（直説法現在形、接続法現在形）に用いられます。単純過去形の課で学んだ動詞人称語尾Ⅰとほぼ同じですが、3人称単数形のみ形が異なります。

	単数		複数	
1	ـَم	-am	ـیم	-īm
2	ـی	-ī	ـید	-īd
3	ـَد	-ad	ـَنْد	-and

　/ā/または/ū/で終わる現在語幹につく場合、わたり音yを表すیを挿入します。

	単数		複数	
1	ـیَم	-yam	ـییم	-yīm
2	ـیی	-yī	ـیید	-yīd
3	ـیَد	-yad	ـیَنْد	-yand

＊ ـیی, ـییم, ـیید - は、ـئی, ـئیم, ـئید - と書かれることもあります。

3　直説法現在形の作り方

　直説法現在形は、接頭辞می mī-+現在語幹+動詞人称語尾Ⅱから作られます。ストレスはمی mī-に置きます。

- رَفْتَن raftan「行く」：現在語幹 رَو rav-

	単数		複数	
1	می رَوَم	míravam	می رَویم	míravīm
2	می رَوی	míravī	می رَوید	míravīd
3	می رَوَد	míravad	می رَوَنْد	míravand

* می は現在語幹から離して書くのが一般的ですが、میروم, میروند のようにつなげて書いても構いません。

* آمَدَن などの آ で始まる動詞の現在形で、می をつなげて書く場合は、میآیم, میآیید などのように、語中でも آ（alef mādde）を保つことがあります。

　否定形は、肯定形の前に نَ na- を置きます。この際、نِمی の発音は nemī- となります。ストレスは ne- に置きます。

- رَفْتَن「行く」

	単数		複数	
1	نِمی رَوَم	némīravam	نِمی رَویم	némīravīm
2	نِمی رَوی	némīravī	نِمی رَوید	némīravīd
3	نِمی رَوَد	némīravad	نِمی رَوَنْد	némīravand

4　注意すべき現在形の作り方
1）現在語幹が母音で始まる場合

　活用形の形は変わりませんが、発音する際には、می と現在語幹の間にわたり音 /y/ が入ります。

第8課　直説法現在形・現在進行形　69

- اُفْتادَن oftādan「落ちる」：現在語幹 اُفْت oft-

	単数		複数	
1	می اُفْتَم	míyoftam	می اُفْتیم	míyoftīm
2	می اُفْتی	míyoftī	می اُفْتید	míyoftīd
3	می اُفْتَد	míyoftad	می اُفْتَنْد	míyoftand

2）現在語幹が/ā/または/ū/で終わる場合

　動詞人称語尾の前にわたり音/y/を表すیを加えます。

- گُفْتَن goftan「言う」：現在語幹 گو gū-

	単数		複数	
1	می گویَم	mígūyam	می گوییم	mígūyīm
2	می گویی	mígūyī	می گویید	mígūyīd
3	می گویَد	mígūyad	می گویَنْد	mígūyand

- آمَدَن āmadan「来る」：現在語幹 آ ā-

	単数		複数	
1	می آیَم	míyāyam	می آییم	míyāyīm
2	می آیی	míyāyī	می آیید	míyāyīd
3	می آیَد	míyāyad	می آیَنْد	míyāyand

＊ آمدن は現在語幹が/ā/となるため、語幹の前後にわたり音/y/が入ります。

3） داشْتَن dāshtan「持つ」（現在語幹 دار dār-）の直説法現在形

例外的に می が省略されます。

	単数		複数	
1	دارَم	dáram	داریم	dárīm
2	داری	dárī	دارید	dárīd
3	دارَد	dárad	دارَنْد	dárand

［否定形］

	単数		複数	
1	نَدارَم	nádāram	نَداریم	nádārīm
2	نَداری	nádārī	نَدارید	nádārīd
3	نَدارَد	nádārad	نَدارَنْد	nádārand

4）بودن の第 3 活用

　بودن 直説法現在形の第 1 変化（接尾辞形）および第 2 変化（独立形）については既に学んだ通りですが、بودن には、この他に、本来の現在語幹 باش bāsh- から作られる、以下のような第 3 変化があります。第 3 変化は文語を中心に用いられます。

	単数		複数	
1	می باشَم	míbāsham	می باشیم	míbāshīm
2	می باشی	míbāshī	می باشید	míbāshīd
3	می باشَد	míbāshad	می باشَنْد	míbāshand

5 直説法現在形の用法

　直説法現在形は、現在起こっている（と話し手が認識している）動作や状態、習慣、事実、真理などについて述べる際に使います。また、確定性が高い未来の動作・状態を表すこともできます。

چه می خواهی؟　che mīkhāhī?　（君は）何が欲しいの。

آقایِ مَجیدی را می شِناسید؟　āqā-ye majīdī rā mīshenāsīd?

（あなたは）マジーディーさん（男性）を知っていますか。

فَردا بَرنامه ای دارید؟　fardā barnāme'ī dārīd?

（あなたは）明日何か予定がありますか。（＝何か予定をもっていますか）
［بَرنامه　barnāme　計画、予定］

او سه تا بَچّه دارَد.　ū se tā bachche dārad.

彼女には3人子供がいます。（＝3人子供をもっています）
［سه　se　3、تا　tā　〜個、〜人］

بَچّه ها پیاده به مَدرَسه می رَوَند.　bachchehā piyāde be madrase mīravand.

子供たちは歩いて学校に行きます。［پیاده　piyāde　徒歩で］

اِمروز اَفسانه را نِمی بینید؟　emrūz afsāne rā nemībīnīd?

（あなたは）今日はアフサーネ（女性）に会わないのですか。

نَه، مُتَأَسِّفانه وَقت نَدارَم.　na, mota'assefāne vaqt nadāram.

いいえ、残念ながら（私は）時間がありません。
［مُتَأَسِّفانه　mota'assefāne　残念ながら、وَقت　vaqt　時間］

مَن این لِباس را به دُخترِتان می دَهَم.

man īn lebās rā be dokhtaretān mīdaham.

私はこの洋服をあなたのお嬢さんにあげます。

بَعْد اَز نُوروز هَوا کَم کَم گَرْم می شَوَد.
ba'd az nowrūz havā kam kam garm mīshavad.
ノウルーズの後、（気候は）だんだん暑くなります。
［بَعْد اَز ba'd az 〜の後で、نُوروز nowrūz 新年、ノウルーズ、کَم کَم kam kam だんだん、そろそろ、گَرْم garm 暑い、暖かい］

動詞の直接目的語あるいは間接目的語は、単純過去形の場合と同様に、人称代名詞の接尾辞形でも表すことができます。これらの人称代名詞接尾辞形は、活用形のあとに接続しますので、現在形自体の動詞人称語尾と混乱しないようにしましょう。

می شِناسَمِش. mīshenāsamesh. 私は彼女のことを知っています。
（می شناسم + ش）

می بینَمِتان. mībīnametān. じゃあ、あとでね。［＝（後であなたに）会いましょう］
（می بینم + تان）

6 現在進行形

現在進行形「（今）〜している、ちょうど〜しているところだ」は、直説法現在形の前にداشتن「持つ」の現在形を置くことで表します。

- خوانْدَن khāndan「読む」：現在語幹 –خوان khān-

	単数	複数
1	دارَم می خوانَم dāram mīkhānam	داریم می خوانیم dārīm mīkhānīm
2	داری می خوانی dārī mīkhānī	دارید می خوانید dārīd mīkhānīd
3	دارَد می خوانَد dārad mīkhānad	دارَنْد می خوانَنْد dārand mīkhānand

＊ 現在進行形では、否定形は通常、用いられません。

現在進行形は、何らかの動作や状態が、進行中または継続中であることを表します。なお、上にあげた活用形の例では、داشتنの現在形と本動詞の現在形は続けて書いてありますが、実際に文中で用いる際には、動詞の目的語や副詞などをداشتنの現在形と本動詞との間にはさみ込むのが普通です。

ما داریم به دِرَخْتها آب می دَهیم.
mā dārīm be derakhthā āb mīdahīm.
私たちは木（複数）に水をやっているところです。

بَچّه ها دارَنْد لِباسْهایِشان را می پوشَنْد.
bachchehā dārand lebāshāyeshān rā mīpūshand.
子供たちは（彼らの）服を着ているところです。
　［پوشیدَن　pūshīdan　着る］

第9課　複合動詞

1　複合動詞とは

ペルシア語では、これまで学んだ単純動詞のほかに、「感謝する」「招待する」などのように、名詞・形容詞・副詞、前置詞句などの非動詞成分と動詞成分から作られる、いわゆる複合動詞が多彩に用いられます。

複合動詞の動詞成分には、以下のように、他動詞を作るکردن kardan「〜する」、自動詞を作るشدن shodan「〜になる」、被害を表すخوردن khordan「〜を食らう」などが用いられます。

اِتِّفاق اُفْتادَن	ettefāq oftādan	起こる
لِذَّت بُرْدَن	lezzat bordan	楽しむ
یَخ بَسْتَن	yakh bastan	凍る
دَرْس خوانْدَن	dars khāndan	勉強する
زَمین خوردَن	zamīn khordan	倒れる
خَبَر دادَن	khabar dādan	知らせる
نِشان دادَن	neshān dādan	見せる
دوسْت داشْتَن	dūst dāshtan	好む、愛する
حَرْف زَدَن	harf zadan	話す
مُتَوَلِّد شُدَن	motavalled shodan	生まれる
گِرِفْتار شُدَن	gereftār shodan	捕まる
اِسْتِراحَت کَرْدَن	esterāhat kardan	休憩する
اِسْتِفاده کَرْدَن	estefāde kardan	利用する

فِكْر كَرْدَن	fekr kardan	考える
زِنْدِگی كَرْدَن	zendegī kardan	住む
طول كِشیدَن	tūl keshīdan	時間がかかる
تَصْمیم گِرِفْتَن	tasmīm gereftan	決める、決心する
جَشْن گِرِفْتَن	jashn gereftan	祝う
پایان یافْتَن	pāyān yāftan	終わる
بَر گَشْتَن	bar gashtan	帰る
بَر داشْتَن	bar dāshtan	取り上げる、脱ぐ
دَر آمَدَن	dar āmadan	出てくる
دَر آوَرْدَن	dar āvardan	取り出す
دَر مانْدَن	dar māndan	困窮する
دَر یافْتَن	dar yāftan	理解する

2　複合動詞の活用

　ペルシア語の複合動詞の活用は、前項まで見てきた単純動詞の場合とおおむね同じですが、複合動詞では、ストレスの単位が「非動詞成分－動詞成分」で１つとなり、それぞれの活用形ではストレスは非動詞成分に置かれるのが特徴です。

　また、後の課で説明する命令形と接続法では、一部の動詞の活用に若干の違いがあります。

　以下に、単純過去形と現在形について、複合動詞の活用例をあげておきます。おのおのの活用形を作る際の注意は、単純動詞について説明した通りです。

- اِسْتِفاده کَرْدَن「利用する」

  単純過去形

	単数		複数	
1	اِسْتِفاده کَرْدَم	estefādé kardam	اِسْتِفاده کَرْدیم	estefādé kardīm
2	اِسْتِفاده کَرْدی	estefādé kardī	اِسْتِفاده کَرْدید	estefādé kardīd
3	اِسْتِفاده کَرْد	estefādé kard	اِسْتِفاده کَرْدَنْد	estefādé kardand

  ［否定形］

	単数		複数	
1	اِسْتِفاده نَکَرْدَم	estefāde nákardam	اِسْتِفاده نَکَرْدیم	estefāde nákardīm
2	اِسْتِفاده نَکَرْدی	estefāde nákardī	اِسْتِفاده نَکَرْدید	estefāde nákardīd
3	اِسْتِفاده نَکَرْد	estefāde nákard	اِسْتِفاده نَکَرْدَنْد	estefāde nákardand

  直説法現在形

	単数		複数	
1	اِسْتِفاده می کُنَم	estefādé mīkonam	اِسْتِفاده می کُنیم	estefādé mīkonīm
2	اِسْتِفاده می کُنی	estefādé mīkonī	اِسْتِفاده می کُنید	estefādé mīkonīd
3	اِسْتِفاده می کُنَد	estefādé mīkonad	اِسْتِفاده می کُنَنْد	estefādé mīkonand

  ［否定形］

	単数		複数	
1	اِسْتِفاده نِمی کُنَم	estefāde némīkonam	اِسْتِفاده نِمی کُنیم	estefāde némīkonīm
2	اِسْتِفاده نِمی کُنی	estefāde némīkonī	اِسْتِفاده نِمی کُنید	estefāde némīkonīd
3	اِسْتِفاده نِمی کُنَد	estefāde némīkonad	اِسْتِفاده نِمی کُنَنْد	estefāde némīkonand

3 複合動詞の用法

複合動詞では、非動詞成分にرا や無強勢のｰī、強意の副詞（همなど）がつくことはありません。以下の例をみてみましょう。

a. خوب کار کَردید.　khūb kār kardīd.

（あなたは）よく働きましたね。［خوب　khūb　よい、よく］

b. کارِ خوبی کَردید.　kār-e khūbī kardīd.

（あなたは）よいことをしましたね。

a.の文では、کار は複合動詞کار کردن「働く」の非動詞成分となっています。これに対してb.では、خوب がکار に無強勢のｰī がつくことが示すように、このکار は複合動詞の非動詞成分ではなく、通常の直接目的語として扱われています。

以下に、複合動詞の用例をあげておきます。

مَن دیشَب چِلُوکَباب دُرُست کَردَم.　man dīshab chelow kabāb dorost kardam.

私は昨晩チェロキャバーブを作りました。

［دیشَب　dīshab　昨晩、چِلُوکَباب　chelow kabāb　チェロキャバーブ（料理の名前）、دُرُست کَردَن　dorost kardan　作る］

بَچّه ها به مادَرِشان کُمَک کَردَند.　bachchehā be mādareshān komak kardand.

子供たちは（彼らの）母親を手伝いました。

［به ... کُمَک کَردَن　be ... komak kardan　...を手伝う］

ما دَر تِهران زِنْدِگی می کُنیم.　mā dar tehrān zendegī mīkonīm.

私たちはテヘランに住んでいます。

شُما هَفته ای چَند ساعَت کار می کُنید؟　shomā hafte'ī chand sā'at kār mīkonīd?

あなたは週に何時間働きますか。

［هَفته　hafte　週（無強勢のｰī をつけると「週に」の意味）、چَند　chand　いくつ、ساعَت　sā'at　時間］

複合動詞の直接目的語や間接目的語は、人称代名詞の接尾辞形で表すことが可能です。この場合、単純動詞の場合と異なり、目的語を表す人称代名詞接尾辞形は、通常、非動詞成分につけます。

بَچّه ها به او کُمَک کَرْدَنْد. bachchehā be ū komak kardand.

子供たちは彼女を手伝いました。

　上の文の「彼女を」は、人称代名詞接尾辞形を用いて以下のように表すことが可能です。

بَچّه ها کُمَکِش کَرْدَنْد. bachchehā komakesh kardand.

　同様に、ترادوست دارم. torā dūst dāram.「（私は）君が好きです」という文は、目的語「君」を人称代名詞接尾辞形を用いて非動詞成分に接続させ、دوستت دارم dūst-et dāram.のように言い換えることが可能です。

　以下に類似の例文をあげておきます。

آنْها بیرونِش کَرْدَنْد. ānhā bīrūn-esh kardand.

彼らは彼を追い出しました。［بیرون کَرَدَن　bīrūn kardan　追い出す、追放する］

خَبَرِشان دادَم. khabar-eshān dādam.

（私は）彼らに知らせました。

第9課　複合動詞　79

第10課　前置詞 I

　ペルシア語の前置詞には、単独で用いられる単純前置詞と、単純前置詞を含む複数の語から成る複合前置詞があります。単純前置詞はさらに、「本来の前置詞」である前置詞 I と、名詞などが前置詞的用法をもった前置詞 II の 2 種類に分けられます。前置詞 I と II の用法上の違いは、後続の目的語との間にエザーフェが入るかどうかです。

　この課では、前置詞 I を学びます。前置詞 I は、もともと前置詞の機能を持つ、いわば「由緒正しい前置詞」で、その数も限られています。このタイプの前置詞では、後続の目的語との間にエザーフェは必要ありません。前置詞 I に属する主な語は、以下の通りです。

- اَز az「〜から、〜より、〜で」

　方向や動作などの起点、出所、所属、部分、原因、原料、関係、比較構文における比較の対象などを表します。از には様々な用法があるため、単に「〜から」と置き換えるのでなく、前後関係に配慮して訳すことが大切です。

اَز ایسْتْگاه　az īstgāh　駅から

اَز دیروز　az dīrūz　昨日から

چَنْد شِعْر اَز اَشْعارِ حافِظ　chand she'r az ash'ār-e hāfez

ハーフェズの（による）数編の詩（＝ハーフェズの詩［複数］からの数編の詩）
［شِعْر　she'r　詩（複数形）اَشْعار　ash'ār）、حافِظ　hāfez　ハーフェズ（詩人）］

این نامه را اَز کی گِرِفْتید؟　īn nāme rā az kī gereftīd?

（あなたは）この手紙をだれから受け取ったのですか。

ما داریم اَز گُرُسْنِگی می میریم．　mā dārīm az gorosnegī mīmīrīm.

私たちは空腹で死にそうです。［گُرُسْنِگی　gorosnegī　空腹］

اَز دیدَنِ شُما خِیلی خوشوَقْتَم.　az dīdan-e shomā kheylī khoshvaqtam.

（私は）あなたにお会いできてとても嬉しいです。[خوشْوَقْت　khoshvaqt　嬉しい]

لیوان پُر اَز آب اَسْت.　līvān por az āb ast.　コップは水でいっぱいです。

[لیوان　līvān　コップ、پُر　por　いっぱいの、満ちた]

اَز پِلّه آمَدَم.　az pelle āmadam.　（私は）階段で（=階段を使って）来ました。

[پِلّه　pelle　階段]

اَز تو حَرَکَت اَز خُدا بَرَکَت.　az to harakat az khodā barakat.

「神は自ら助くる者を助く」=汝からは行動、神からは天恵（格言）
[حَرَکَت　harakat　動き、行動、بَرَکَت　barakat　天恵、祝福]

ما اَز شُکوفه هایِ گیلاس صُحْبَت کَرْدیم.　mā az shokūfehā-ye gīlās sohbat kardīm.

私たちは桜の花について話をしました。[شُکوفه　shokūfe　花、開花、گیلاس　gīlās　桜、サクランボ、صُحْبَت کَرْدَن　sohbat kardan　話す]

　ペルシア語では、他動詞の直接目的語は語順（定の個体を表す場合はرا）で示すのが普通ですが、一部の動詞では、決まった前置詞をとるものがあります。特に、目的語の前にازを必要とする動詞には注意が必要です。以下に、その例をあげておきます。

پُرسیدَن	porsīdan	尋ねる
تَرسیدَن	tarsīdan	恐れる
خواسْتَن	khāstan	頼む
گُذَشْتَن	gozashtan	通る
تَشَکُّر کَرْدَن	tashakkor kardan	感謝する
اِنْتِقاد کَرْدَن	enteqād kardan	批評する

بَحْث کَرْدَن	bahs kardan	議論する
خواهِش کَرْدَن	khāhesh kardan	頼む
دَعْوَت کَرْدَن	da'vat kardan	招待する
دِفاع کَرْدَن	defā' kardan	防ぐ
دیدَن کَرْدَن	dīdan kardan	訪れる
شِکایَت کَرْدَن	shekāyat kardan	文句を言う
رَدّ شُدَن	radd shodan	通り過ぎる
لِذَّت بُرْدَن	lezzat bordan	楽しむ

اَز شُما تَشَکُّر می کُنیم. az shomā tashakkor mīkonīm.

（私たちは）あなたに感謝します。

او اَز هیچ چیز خَبَر نَدارَد. ū az hīch chīz khabar nadārad.

彼は何も知りません。［هیچ hīch 何も（〜でない）、چیز chīz もの、こと］

ما اَز نانْوایی گُذَشْتیم. mā az nānvāyī gozashtīm.

私たちはナーン屋を通りました／通り過ぎました。［نانْوایی nānvāyī ナーン屋］

اَز کی پُرْسیدی؟ az kī porsīdī?（君は）だれに尋ねたの。

اَزの目的語は、人称代名詞接尾辞形で表すこともできます。

اَزَش پُرْسیدَم. azash porsīdam.（私は）彼に尋ねました。

- با bā「〜と、〜とともに、〜で」
  手段、道具、同行・同伴、材料、比較、様態・付帯状況、類似の対象などを表します。

با خودکار　bā khodkār　ボールペンで［خودکار　khodkār　ボールペン］

با دوچَرخه　bā docharkhe　自転車で［دوچَرخه　docharkhe　自転車］

با کَمالِ مِیل　bā kamāl-e meyl　喜んで
［کَمال　kamāl　完全、完璧、مِیل　meyl　望み、願望］

با هَم　bā ham　一緒に

با عَجَله　bā 'ajale　急いで［عَجَله　'ajale　急ぎ］

با مَن　bā man　私と一緒に

مَرْدُم با تَعَجُّب به اُو نِگاه کَرْدَنْد.　mardom bā ta'ajjob be ū negāh kardand.
人々は驚いて彼を見つめました。
［تَعَجُّب　ta'ajjob　驚き、نِگاه کَرْدَن　negāh kardan　見る、見つめる］

کَبوتَر با کَبوتَر، باز با باز.　kabūtar bā kabūtar, bāz bā bāz.
「類は友を呼ぶ」＝ハトはハトと、タカはタカと（諺）
［کَبوتَر　kabūtar　ハト、باز　bāz　タカ］

بは「〜がありながら」という付帯状況を表すため、後に続く語句によっては逆説的な意味を与えることがあります。

با هَمه کوشِش، اُو دَر اِمْتِحان قَبول نَشُد.
bā hame kūshesh, ū dar emtehān qabūl nashod.
あらゆる努力にもかかわらず、彼は試験に合格しませんでした。
［کوشِش　kūshesh　努力、اِمْتِحان　emtehān　試験、قَبول شُدَن　qabūl shodan　合格する］

複合語や一部の定型表現には、前置詞بが含まれたまま、形容詞などとして定着したものもあります。

با اِسْم　bā esm　記名の、登録された

با خَبَر　bā khabar　知っている

با سَواد　bā savād　読み書きできる、識字の　[سَواد　savād　読み書き能力]

- بَر　bar「〜の上に、〜に対して」
位置や根拠を表します。

او کُلاه بَر سَر گُذاشت و اَز خانه بیرون رَفت.
ū kolāh bar sar gozāsht-o az khāne bīrūn raft.
彼は帽子を頭に被り、外出しました（＝家から外に出た）。
[کُلاه　kolāh　帽子、بیرون　bīrūn　外に、外へ]

آنها بَر دُشمَن تاختَند.　ānhā bar doshman tākhtand.
彼らは敵を攻撃しました。[دُشمَن　doshman　敵、تاختَن　tākhtan　攻撃する]

مَرگ بَر …　marg bar …　〜に死を　[مَرگ　marg　死]

چه بَر سَرَش آمَد؟　che bar sarash āmad?
彼の身（＝頭）の上に何が起こったのだろうか。

- به　be「〜に、〜へ、〜で」
方向、手段・方法、関連、様態などを表します。
بهは、後に続く名詞と続けて書かれる場合もあります。この場合、語末の هは省略されます。

به اِصفَهان می رَوَم.　be esfahān mīravam.　（私は）イスファハーンに行きます。

به فارسی صُحبَت کَردیم.　be fārsī sohbat kardīm.

（私たちは）ペルシア語で話しました。

به نَظَرِ شُما　be nazar-e shomā　あなたの考えでは　[نَظَر　nazar　見解]

به خُدا　be khodā　神にかけて　[خُدا　khodā　神]

بِمَن (به مَن =)　be man　私に

مَن این را به هِزار تومان فُروخْتَم.　man īn rā be hezār tomān forūkhtam.

私はこれを1000トマーン（＝10,000リヤール）で売りました。

［هِزار　hezār　1000、تومان　tomān　トマーン（イランの通貨単位、＝10リヤール）］

به は、抽象名詞などと結びついて、様態や状況を表す副詞句となります。また、به を含む表現が定着して複合語となった例もみられます。

به مُوقِع　　be mowqe'　折よく、しかるべき時機に　［مُوقِع　mowqe'　時機、好機］

به تَدْریج　　be tadrīj　次第に　［تَدْریج　tadrīj　徐々］

بِجا　　　　be jā　適切な、時宜を得た

بِکار　　　be kār　役に立つ、有用な

سینه به سینه　sīne be sīne　口頭で、口づてに　［سینه　sīne　胸、胸部］

به に人称代名詞او や指示詞این, آن が続く際、ه が省略されて例外的にد が挿入された形بدو bedū、بدین bedīn、بدان bedānが用いられることがあります。

به の目的語は人称代名詞接尾辞形で表すこともできます。この際、本来はサイレントの/h/が例外的に発音されます。またストレスは人称代名詞接尾辞形に置かれます。

بِهِتان　be<u>h</u>etān　あなたに

این رَنْگ بِهِش می آیَد.　īn rang be<u>h</u>esh miyāyad.

この色は彼女に似合いますね。［به ... آمدن　be ... āmadan　...に似合う］

- تا　tā　「〜まで、〜までずっと」

動作や状態が継続する際の、空間的あるいは時間的な到達点、または程度を表します。

اَز ماکو تا چابَهار　az mākū tā chābahār

マークー（地名）からチャーバハール（地名）まで

تا ساعَتِ سه اینجا هَستَم.　tā sā'at-e se īnjā hastam.

（私は）3時までここにいます。

تا حَدّی فارْسی می دانَم.　tā haddī fārsī mīdānam.

（私は）ペルシア語をある程度は知っています。［حَدّ　hadd　限度、程度］

اَز مَردی تا نامَرْدی یِک قَدَم.　az mardī tā nāmardī yek qadam.

「勇気と卑劣は紙一重」＝勇気から卑劣までは一歩（格言）［مَرْدی　mardī　男らしさ、勇気、مَرْدی نا　nāmardī　卑劣、卑怯、قَدَم　qadam　歩み、歩］

تا は前置詞としての用法以外に接続詞としての機能ももっています。詳しくは接続詞の課で説明します。

- دَر　dar「〜に、〜で、〜のうちに、〜について」
  場所や位置、時間、状態などを表します。

دَر تَبْریز　dar tabrīz　タブリーズ（地名）で

دَر تَعْطیلاتِ تابِسْتان　dar ta'tīlāt-e tābestān　夏休みに

［تَعْطیلات　ta'tīlāt　休み、休日、تَعْطیل　ta'tīl「休み、休日」の複数形）、تابِسْتان　tābestān　夏］

دَر بَچّگی　dar bachchegī　子供の頃に［بَچّگی　bachchegī　子供時代、幼年時代］

دَر ساعَتِ دَه　dar sā'at-e dah　10時に［〜ساعَتِ　sā'at-e〜　〜時（時刻）］

مَن دَر ریاضی قَوی هَسْتَم.　man dar riyāzī qavī hastam.

私は数学が得意です。［ریاضی　riyāzī　数学、قَوی　qavī　強い、得意な］

- جُز　joz「〜を除いて、〜のほかに、〜以外の」

  هَمه رَفْتَنْد جُز حُسِین.　hame raftand joz hoseyn.
  ホセイン（男性）を除いてみな帰ってしまいました。

- بی　bī「〜なしに」
  本来は除外を表す接頭辞です。

  بی رَفتَنِ شُما　bī raftan-e shomā　あなたが行くことなしに

第11課　疑問詞

　ペルシア語の疑問詞には、単独で用いる疑問詞と、名詞などと疑問詞が組み合わさった複合疑問詞があります。疑問詞を含む疑問文では、文のイントネーションは下降調になります。

　疑問詞は、通常は単数形で用いますが、名詞として用いられる際、複数性を強調したい場合には臨時に複数語尾をつけることもあります。複数語尾がついた疑問詞が直接目的語になる際は、後置詞راを添えて表すのが普通です。

　以下に、主な疑問詞をあげておきます。

- چه che「何」

چهには、名詞的用法と、後続の名詞を修飾する形容詞的用法があります。
口語では、名詞的用法のچهはچیchīと発音されます。まずは名詞的用法からみてみましょう。なお、この課から発音記号は原則、外してあります。

از بازار چه خریدید؟　az bāzār che kharīdīd?

（あなたは）バーザールで何を買いましたか。

چه می خوانی؟　che mīkhānī?（君は）何を読んでるの。

برای چه به آنجا رفت؟　barāye che be ānjā raft?

何のために（彼女は）そこに行ったのですか。

شما از چه می ترسید؟　shomā az che mītarsīd?

あなたは何を恐れているのですか。

این یعنی چه؟　īn ya'nī che?

これはどういう意味ですか。［یعنی　ya'nī　すなわち、意味する］

چه است che astは多くの場合、چیست chīstと書かれます。

اسم شما چیست؟ esm-e shomā chīst?　あなたの名前は何ですか。

次に形容詞的用法です。چهは名詞の前に置かれると、「どのような〜」という、後続の名詞の種類や様態、形状などを問う疑問形容詞となります。この場合には通常、後に続く名詞に「無強勢の-ī」が付加されます。

چه ساعتی می آیید؟ che sā'atī mīyāyīd?　(あなたは) 何時に来ますか。

شب یلدا چه شبی است؟ shab-e yaldā che shabī ast?

冬至の夜とはどのような夜 (のこと) ですか。
　［شب shab 夜、یلدا yaldā 冬至の夜］

پدر بزرگتان چه کسی بود؟ pedar bozorg-etān che kasī būd?

あなたのおじいさんはどんな人でしたか。

او در چه سنی در گذشت؟ ū dar che sennī dar gozasht?
彼は何歳で亡くなりましたか。
　［سن senn 年齢、درگذشتن dar gozashtan 亡くなる］

なお、「چه + 名詞 (+ 修飾語句) + 無強勢の-ī」が直接目的語となる場合は、通常、後置詞راを用います。

برای دخترتان چه سوغاتی را خریدید؟
barāye dokhtaretān che sowqātī rā kharīdīd?
　(あなたは) 娘さんのためにどんなお土産を買いましたか。［سوغات sowqāt 土産］

تا حال چه شهرهای بزرگی را دیدید؟ tā hāl che shahrhā-ye bozorgī rā dīdīd?

　(あなたは) これまでに、どのような大都市を見ましたか。

چهは、量、程度、方法などを表す名詞とともに複合疑問詞ともなります。これらの複合疑問詞では、چهのهが落ちた省略形が用いられるのが普通です。よく用いられる複合疑問詞は以下の通りです。

چقدر　chéqadr/cháqadr　どのくらい、どの程度（ストレスは語頭）

چگونه/چه جور/چطور　chetowr/chejūr/chegūne　どのように、どのような

چقدر می خواهید؟　cheqadr mīkhāhīd?　（あなたは）どのくらい欲しいのですか。

این مانتو چقدر می شود؟　īn mānto cheqadr mīshavad?

このコートはいくらになりますか。［مانتو　mānto　コート］

تا کاشان چقدر راه است؟　tā kāshān cheqadr rāh ast?

カーシャーンまでどのくらいの道のりですか。

حالتان چطور است؟　hāletān chetowr ast?

調子はどうですか。（＝あなたの具合はいかがですか）

چطور فکر می کنید؟　chetowr fekr mīkonīd?　（あなたは）どう考えますか。

- که ke／کی kī「誰」

کی はかつて口語的な用法でしたが、最近は書き言葉でも کی が使われます。

کی آمد؟　kī āmad?　誰が来ましたか。

کیها آمدند؟　kīhā āmadand?　誰（複数）が来たのですか。

در مهمانی که را دیدید؟　dar mehmānī ke rā dīdīd?

（あなたは）パーティーで誰に会いましたか。［مهمانی　mehmānī　パーティー］

کیها را دیدید؟　kīhā rā dīdīd?　（あなたは）誰（複数）に会ったのですか。

با کی به سینما رفتید؟　bā kī be sīnemā raftīd?

（あなたは）誰と映画に行きましたか。［سینما　sīnemā　映画、映画館］

کیست کهاست は kīst と書かれることが多くあります。

این مداد مالِ کیست؟　īn medād māl-e kīst?　この鉛筆は誰のものですか。

- کی key「いつ」

    موزه ی فرش کی باز می شود؟　mūze-ye farsh key bāz mīshavad?

    絨毯博物館はいつ開きますか。

    کی به ایران رفتید؟　key be īrān raftīd?（あなたは）いつイランに行きましたか。

    تا کی اینجا هستید؟　tā key īnjā hastīd?（あなたは）いつまでここにいますか。

    از کی　az key　いつから

    کی کار شیطان است.　key kār-e sheytān ast.

    「『いつ』は悪魔の仕業なり」＝物事はしかるべき時に達成されるもの（格言）
    ［شیطان　sheytān　悪魔］

- کجا kojā「どこ、どこに」

    کجا はそれ自体に「どこに、どこで」という意味が含まれるため、به などの前置詞は省略されることがあります。

    کجا رفتید؟　kojā raftīd?（あなたは）どこに行きましたか。

    شما (در) کجا فارسی یاد گرفتید؟　shomā (dar) kojā fārsī yād gereftīd?

    あなたはどこでペルシア語を習いましたか。

    علی دیروز کجا بود؟　'alī dīrūz kojā būd?　アリーは昨日はどこにいましたか。

    آنها کجا زندگی می کنند؟　ānhā kojā zendegī mīkonand?

    彼らはどこに住んでいますか。

    کجا ها را دیدید؟　kojāhā rā dīdīd?（あなたは）どこ（複数）を見ましたか。

    از کجا آمدید؟　az kojā āmadīd?

    （あなたは）どこから来ましたか（＝どこの出身ですか）。

کجا است は発音どおりに کجاست kojāst と表記されることがしばしばあります。

خانه ی دوست کجاست khāne-ye dūst kojāst 『友だちの家はどこ』（映画のタイトル）

口語では کو kū が کجا の代わりに用いられることがあります。この場合は、بودن などの動詞は通常省略されます。

پدرتان کو؟ pedaretān kū? あなたのお父さんはどこ？

کجا に派生接辞の「強勢のある -ī」がついた کجایی kojāyī「どこの物、人」も、出身をきく際に頻繁に用いられます。

شما کجایی هستید؟ shomā kojāyī hastīd? あなたはどこの出身ですか。

آنها کجایی اند؟ ānhā kojāyī and? 彼らはどこの国の人かな。

• کدام kodām「どれ、どの」

「どれ、どちら（の物）」のような名詞的用法と、後続の名詞を修飾する「どの〜、どちらの〜」の形容詞的用法があります。

名詞的に用いられる کدام が直接目的語になる場合には、後置詞 را をつけます。また、「〜のどちら」の「〜」を人称代名詞接尾辞形で表すこともできます。

کیفتان کدام است؟ kīfetān kodām ast?

あなたの財布はどれですか。［ کیف kīf 財布 ］

شما کدامشان را می خرید؟ shomā kodāmeshān rā mīkharīd?

あなたは（それらの）どれを買うのですか。

後に名詞を置くと、「どの〜、どちらの〜」の意味になります。چه の場合とは異なり、「کدام + 名詞」には無強勢の -ī はつけません。

مسجد امام در کدام شهر ایران است؟
masjed-e emām dar kodām shahr-e īrān ast?

イマーム・モスクはイランのどの都市にありますか。
［مسجد masjed モスク、شهر shahr 都市］

به کدام کشورها رفتید؟ be kodām keshvarhā raftīd?

（あなたは）どの国々に行きましたか。

کدام شاعر را دوست دارید؟ kodām shā'er rā dūst dārīd?

あなたはどの詩人が好きですか。［شاعِر shā'er 詩人］

کدامが不定代名詞یکと結びついた形کدام یک kodāmyek／کدام یکی kodāmyekī「どれ、どちら（のもの）」も用いられます。

کُدامیِک را می خواهید؟ kodāmyek rā mīkhāhīd?

（あなたは）どれが欲しいのですか。

- چرا chérā「なぜ」（ストレスは通常、語頭に置かれます）

چرا اینجا را انتخاب کردید؟ cherā īnjā rā entekhāb kardīd?

（あなたは）なぜこの場所を選んだのですか。

دیروز چرا نیامدید؟ dīrūz cherā nayāmadīd?

（あなたは）昨日はなぜ来なかったのですか。

- چند chand「いくつ、いくつの、いくらで」

چندは単独で用いると「いくらで、いくらの」、تا tā「～個、～人」、نفر nafar「～人」などの助数詞や名詞とともに用いられると「いくつの～」の意味になります。

این چند است؟ īn chand ast? これはいくらですか。

این را چند خریدید؟ īn rā chand kharīdīd?

（あなたは）これをいくらで買いましたか。

第11課　疑問詞　93

چند نفر در مهمانی بودند؟ chand nafar dar mehmānī būdand?

パーティーには何人いましたか。

چند تا لازم است؟ chand tā lāzem ast?

いくつ必要ですか。[لازم　lāzem　必要な]

چند ساعت طول می کشد؟ chand sā'at tūl mīkeshad?

何時間かかりますか。[طول کشیدن　tūl keshīdan　（時間が）かかる]

چند سالتان است؟ chand sāletān ast?　あなたは何歳ですか。

چند روز در ایران ماندید؟ chand rūz dar īrān māndīd?

（あなたは）何日イランに滞在しましたか。

第12課　副詞 I

　ペルシア語では、本来の副詞のほかに、副詞的用法をもった名詞などの語も多く見られます。副詞は、通常は関連する語句の前に置いて用います。この課では、「時間・時刻」「場所・空間」「頻度・回数」「量・程度」「方法・様態」を表す副詞について、高頻度に用いられるものをあげておきます。

1　時にかかわる副詞

　روز rūz「日、日中、曜日」、هفته hafte「週」、ماه māh「月」、سال sāl「年」、ساعت sā'at「～時、時間」、دقیقه daqīqe「分」、ثانیه sāniye「秒」などの、時間や時刻に関わる名詞を含むものが多く用いられます。

امروز	emrūz	今日	دیروز	dīrūz	昨日
فردا	fardā	明日、翌日	پریروز	parīrūz	一昨日
پس فردا	pas fardā	明後日			
سه روز	se rūz	3日間、3日（日付には用いられません）			
سه روز پیش	se rūz-e pīsh	3日前	سه روز قبل	se rūz-e qabl	3日前
سه روز دیگر	se rūz-e dīgar	3日後	سه روز بعد	se rūz-e ba'd	3日後
هر روز	har rūz	毎日	تمام روز	tamām-e rūz	一日中
یک روز در میان	yek rūz dar miyān	一日おきに			
این هفته	īn hafte	今週			
هفته ی پیش	hafte-ye pīsh	先週			
هفته ی گذشته	hafte-ye gozashte	先週			
هفته ی آینده	hafte-ye āyande	来週			

هفته ی دیگر	hafte-ye dīgar	次週、来週			
دو هفته ی پیش	do hafte-ye pīsh	2週間前			
دو هفته ی دیگر	do hafte-ye dīgar	2週間後			
هر هفته	har hafte	毎週			
این ماه	īn māh	今月			
ماه پیش	māh-e pīsh	先月	ماه گذشته	māh-e gozashte	先月
ماه دیگر	māh-e dīgar	来月	ماه آینده	māh-e āyande	来月
هر ماه	har māh	毎月			
امسال	emsāl	今年			
پارسال	pārsāl	去年	سال گذشته	sāl-e gozashte	去年
سال آینده	sāl-e āyande	来年			
سال دیگر	sāl-e dīgar	来年、翌年			
ده سال پیش	dah sāl-e pīsh	10年前	ده سال دیگر	dah sāl-e dīgar	10年後
هر سال	har sāl	毎年			

ساعتは、前に数詞を置くと「～時間」、後に数詞を置いてエザーフェで結ぶと、「～時」（時刻）を表します。時刻を表す場合、ساعتは口語では省略することもあります。

دو ساعت	do sā'at	2時間
دو ساعت و نیم	do sā'at-o nīm	2時間半
چند ساعت	chand sā'at	何時間
شش و نیم صبح	shesh-o nīm-e sobh	朝の6時半　［نیم　nīm　半分］

ده دقیقه به سه　　dah daqīqe be se　　3時10分前

نیم ساعت　　nīm sā'at　　半時間

ربع ساعت　　rob' sā'at　　15分（4分の1時間）［ربع　rob'　4分の1］

ساعت دو　　sā'at-e do　　2時

چه ساعتی　　che sā'atī　　何時に

ساعت چند است؟　　sā'at chand ast?　　何時ですか。

ساعت چند می آیید؟　　sā'at-e chand miyāyīd?　　（あなたは）何時に来ますか。

ساعت پنج و نیم است.　　sā'at-e panj-o nīm ast.　　5時半です。

ساعت دو و بیست دقیقه است.　　sā'at-e do-o bīst daqīqe ast.　　2時20分です。

ساعت سه و نیم است.　　sā'at-e se-o nīm ast.　　3時半です。

یک ربع به هفت است.　　yek rob' be haft ast.　　7時15分前です。

صبح　　sobh　　朝　　　　بامداد　　bāmdād　　朝

ظهر　　zohr　　正午

قبل از ظهر　　qabl az zohr　　午前　　　پیش از ظهر　　pīsh az zohr　　午前

بعد از ظهر　　ba'd az zohr　　午後

عصر　　'asr　　午後（遅い午後から日没前まで）

غروب　　qorūb　　夕方、日没

شب　　shab　　夜

نیمه شب　　nīme shab　　真夜中

امروز صبح　　emrūz sobh　　今朝　　　فردا صبح　　fardā sobh　　明日の朝

第12課　副詞 I　97

شنبه صبح	shanbe sobh	土曜の朝			
امشب	emshab	今晩	ديشب	dīshab	昨晩
فردا شب	fardā shab	明日の晩			
جمعه شب	jom'e shab	金曜の晩［جمعه jom'e 金曜］			
شب جمعه	shab-e jom'e	金曜の前夜（＝木曜の晩）			
حالا	hālā	今、さて	الان	al'ān	今、すぐに
اكنون	aknūn	今、現在			
آنوقت	ānvaqt	その時、それから	پس	pas	それから
زود	zūd	早く	دير	dīr	遅く、遅れて（時間）
سر وقت	sar-e vaqt	時間通りに			
يك لحظه	yek lahze	少しの間、ちょっと			
يك دقيقه	yek daqīqe	少しの間、ちょっと			

時や時刻を表す名詞に、最小単位を表す無強勢のīがついた、「～に、～あたり」の用法も憶えておくと便利です。

روزى	rúzī	日に、ある日	هفته اى	hafté'ī	週に
ماهى	máhī	月に	سالى	sálī	年に
ساعتى	sā'átī	一時間に、一時間あたり			
شبى	shábī	ひと晩に			
چندى	chándī	しばらくの間	مدتى	moddátī	しばらく、長い間
گاهى	gáhī	時々			

2　場所・空間を表す副詞

اینجا	īnjā	ここに、ここで
آنجا	ānjā	あそこに、あそこで
جلو	jelo(w)	前に、前方に
عقب	'aqab	後ろに、後方に
بالا	bālā	上に
پایین	pāyīn	下に
دور	dūr	遠くに
نزدیک	nazdīk	近くに
دست راست	dast-e rāst	右の方へ　［راست　rāst　右、まっすぐ］
دست چپ	dast-e chap	左の方へ　［چپ　chap　左］
راست	rāst	まっすぐに
مستقیم	mostaqīm	まっすぐに、直接
اینور	īn var	こっちに（主に口語で）
آنور	ān var	あっちに（主に口語で）
بیرون	bīrūn	外へ
تو	tū	中へ

3　頻度・回数を表す副詞

همیشه	hamīshe	いつも
گاهگاهی	gāhgāhī	時々
ناگهان/ناگهانی	nāgahānī/nāgahān	突然
دوباره	do bāre	また、再び
باز هم	bāz ham	それでも、やはり、また、再び
～بار	～bār	～度、～回

~دفعه	~daf'e	~度、~回
اصلاً	aslan	全く（~でない）［否定形とともに用いる］
هیچ وقت	hīch vaqt	決して（~でない）［否定形とともに用いる］
هرگز	hargez	決して（~でない）［否定形とともに用いる］
تازه	tāze	~したばかり

4　量・程度を表す副詞

خیلی	kheylī	とても、非常に	بسیار	besyār	とても、非常に
چندان	chandān	それほど~	چنان	chenān	そんなに

چندان, خیلی などの語は、否定形と共に使うと「それほど~でない」と部分否定になります。

من چندان تشنه نیستم.　man chandān teshne nīstam.

私はそれほど喉が渇いているわけではありません。［تشنه　teshne　喉が渇いた］

خیلی سرد نیست.　kheylī sard nīst.

それほど寒くはありません。［سرد　sard　寒い］

فقط	faqat	たった、~だけ
کمی	kamī	少し

＊　口語では یک کمی 「ちょっと」などの用法もあります。

اندکی	andakī	少し
درست	dorost	ちょうど
کم و بیش	kam-o bīsh	多少

حتى الامكان	hattal'emkān	できるだけ
دست بالا	dast-e bālā	多くとも
دست کم	dast-e kam	少なくとも
حد اکثر	hadd-e aksar	最大で、遅くとも
حد اقل	hadd-e aqall	最小で

5　方法・様態を表す副詞

یکدیگر	yekdīgar	互いに	با هم	bāham	一緒に
بهم	beham	互いに	با همدیگر	bā hamdīgar	一緒に、互いに
روی هم	rūy-e ham	全体で			
روی هم رفته	rūy-e ham rafte	概して、平均して			
پشت سر هم	posht-e sar ham	続けて、連続して			
کم کم	kam kam	少しずつ、そろそろ			
یعنی	ya'nī	つまり、いわゆる	حتی	hattā	～でさえも
البته	albatte	もちろん	سرانجام	sar anjām	ついに、とうとう
مگر	magar	まさか～	راستی	rāstī	本当に
جدی	jeddī	まじめに	خوب	khūb	よく
قشنگ	qashang	よく、きれいに、ちゃんと			
تند	tond	速く			
آهسته	āheste	遅く、ゆっくりと			
یواش	yavāsh	ゆっくりと			

次の副詞は、関連する語の後に置いて用います。

نیز　nīz　〜もまた

هم　ham　〜もまた

همه می‌آیند، تو هم بیا.　hame miyāyand, to ham biyā.

みんな来る（から）、君もおいでよ。

همは前の語句を強めるために使われることがあります。

قصه ی ما هم تمام شد.　qesse-ye mā ham tamām shod.

私たちの話はおしまいです。［قصه　qesse　話、物語］

این هم بلیط است.　īn ham belīt ast.

これがチケットです。［بلیط　belīt　切符、チケット］

این هم بهترین هدیه برای شماست.　īn ham behtarīn hedīye barāye shomāst.

これがあなたにとって一番のプレゼントです。

　　［بهترین　behtarīn　最もよい、هدیه　hedīye　贈り物］

第13課　未完了過去形・過去進行形

1　未完了過去形

　未完了過去形は、単純過去形（過去語幹＋動詞人称語尾Ⅰ）の前に接頭辞 می mī-（否定形は نمی nemī-）を加えることで作ることができます。ストレスは、単純動詞ではmī-、否定形ではne-に置きます。

• گفتن　goftan「言う」

	単数		複数	
1	می گفتم	mígoftam	می گفتیم	mígoftīm
2	می گفتی	mígoftī	می گفتید	mígoftīd
3	می گفت	mígoft	می گفتند	mígoftand

［否定形］

	単数		複数	
1	نمی گفتم	némīgoftam	نمی گفتیم	némīgoftīm
2	نمی گفتی	némīgoftī	نمی گفتید	némīgoftīd
3	نمی گفت	némīgoft	نمی گفتند	némīgoftand

　بودن, داشتن の未完了過去形では例外的に می を省略し、単純過去形と同じ形を用います。

　複合動詞の未完了過去形は、単純動詞と同様に作ることができますが、ストレスは肯定形では非動詞成分（否定形ではne-）に置きます（継続の意味を強めたい時には、臨時に می に置かれることもあります）。

- کار کردن　「働く」

	単数		複数	
1	کار می کردم	kǻr mīkardam	کار می کردیم	kǻr mīkardīm
2	کار می کردی	kǻr mīkardī	کار می کردید	kǻr mīkardīd
3	کار می کرد	kǻr mīkard	کار می کردند	kǻr mīkardand

［否定形］

	単数		複数	
1	کار نمی کردم	kār némīkardam	کار نمی کردیم	kār némīkardīm
2	کار نمی کردی	kār némīkardī	کار نمی کردید	kār némīkardīd
3	کار نمی کرد	kār némīkard	کار نمی کردند	kār némīkardand

- بر گشتن　「帰る」

	単数		複数	
1	بر می گشتم	bár mīgashtam	بر می گشتیم	bár mīgashtīm
2	بر می گشتی	bár mīgashtī	بر می گشتید	bár mīgashtīd
3	بر می گشت	bár mīgasht	بر می گشتند	bár mīgashtand

［否定形］

	単数		複数	
1	بر نمی گشتم	bar némīgashtam	بر نمی گشتیم	bar némīgashtīm
2	بر نمی گشتی	bar némīgashtī	بر نمی گشتید	bar némīgashtīd
3	بر نمی گشت	bar némīgasht	بر نمی گشتند	bar némīgashtand

2 未完了過去形の用法

　未完了過去形は、1）過去における習慣、反復した動作や状態（よく〜していたものだった）、2）過去における進行中の動作・状態（〜しようとしていた、〜しているところだった）、3）反実仮想（現実・事実に反して仮定する動作や状態）を表す際に用いられます。

　ここでは、1）と2）の用法について学びます。

1）過去における習慣、反復した動作や状態

آنها در اینجا زندگی می کردند.　ānhā dar īnjā zendegī mīkardand.
彼らはここに住んでいました。

من هر روز با اتوبوس به دانشگاه می رفتم.
man har rūz bā otobūs be dāneshgāh mīraftam.
私は毎日バスで大学に通っていました。
　［اتوبوس　otobūs　バス、هر روز　har rūz　毎日］

مادربزرگم داستانها زیاد می دانست.
mādar bozorgam dāstānhā ziyād mīdānest.
私の祖母は民話をたくさん知っていました。
　［داستان　dāstān　話、物語、زیاد　ziyād　たくさん］

سارا کوچک بود و هنوز به مدرسه نمی رفت.
sārā kūchek būd-o hanūz be madrase nemīraft.
サーラー（女性）は小さかったので、まだ学校には行っていませんでした。
　［کوچک　kūchek　小さい、هنوز　hanūz　まだ〜でない（否定形とともに）、مدرسه　madrase　学校］

پسرش همیشه کنار تنور دراز می کشید و هیچ کاری نمی کرد، فقط می خورد و می خوابید.
pesarash hamīshe kenār-e tanūr derāz mīkeshīd-o hīch kārī nemīkard, faqat mīkhord-o mīkhābīd.
彼女の息子はいつもナーン焼きがまのそばに寝ころび、働きもせず、食べて寝てばかりいました。

第13課　未完了過去形・過去進行形　105

[همیشه hamīshe いつも、کنار kenār-e そば（に）、تنور tanūr ナーン焼きがま、タンドール、دراز کشیدن derāz keshīdan 寝ころぶ、横になる、هیچ hīch 何も〜でない（否定形とともに）、فقط faqat ただ〜、〜だけ]

من هفته ای دو بار به منزل آقای کوکبی می رفتم و برایش نامه می خواندم.
man hafte'ī do bār be manzel-e āqā-ye kowkabī mīraftam-o barāyash nāme mīkhāndam.
私は週に２度コウキャビーさん（男性）の家に行き、彼のために手紙を読んでいました。[بار bār 〜度、〜回、نامه nāme 手紙]

2）過去における進行中の動作・状態
　未完了過去形は、「〜しているところだった」と過去における進行中の事象を表すこともあります。この用法は、次の項で説明する過去進行形で表すこともできます。

به ایستگاه می رفتم. be īstgāh mīraftam.
（私は）駅に行くところでした。[ایستگاه īstgāh 駅]

بچه ها آنوقت در پارک بازی می کردند.
bachcheha ānvaqt dar pārk bāzī mīkardand.
子供たちはその時公園で遊んでいました。
[پارک pārk 公園、بازی کردن bāzī kardan 遊ぶ]

چرا فریاد می زدی؟ cherā faryād mīzadī?
（君は）なぜ叫んでいたの。[فریاد زدن faryād zadan 叫ぶ]

هوا کم کم روشن می شد. havā kam kam rowshan mīshod.
次第に明るくなってきました。[روشن rowshan 明るい]

3　過去進行形

　過去進行形は、未完了過去形の前にداشتن の過去形を置いて作ります。

- گفتن 「言う」

    単数 複数

    1　داشتم می گفتم　dāshtam mígoftam　　داشتیم می گفتیم　dāshtīm mígoftīm
    2　داشتی می گفتی　dāshtī mígoftī　　داشتید می گفتید　dāshtīd mígoftīd
    3　داشت می گفت　dāsht mígoft　　داشتند می گفتند　dāshtand mígoftand

- کار کردن 「働く」

    単数

    1　داشتم کار می کردم　dāshtam kár mīkardam
    2　داشتی کار می کردی　dāshtī kár mīkardī
    3　داشت کار می کرد　dāsht kár mīkard

    複数

    1　داشتیم کار می کردیم　dāshtīm kár mīkardīm
    2　داشتید کار می کردید　dāshtīd kár mīkardīd
    3　داشتند کار می کردند　dāshtand kár mīkardand

＊ 過去進行形は、形の上では否定形を作ることはできますが、現在進行形と同様に、実際には用いられません。「～していなかった」という意味を表したい場合には、未完了過去形で述べるのが普通です。

4　過去進行形の用法

　過去進行形は、未完了過去形の用例 2 ）と同様に、過去における進行中の動作や状態（「ちょうど～しているところだった」）を表します。近年では、ある動作が進行中であることを明確にしたい場合には、過去進行形の方が多く用い

られます。ただし、過去進行形は、未完了過去形の用法1）過去における習慣と3）反実仮想の意味では使われません。

　また、上の活用表では、過去進行形を形成するداشتنの過去形と未完了過去形を続けて書いてありますが、実際に文中で用いる際には、現在進行形と同様に、通常はداشتنの過去形と未完了過去形の間に、目的語や前置詞句などをはさみ込みます。

من داشتم با مادرم گردش می کردم.
man dāshtam bā mādaram gardesh mīkardam.
私は母と散歩をしているところでした。［گردش کردن　gardesh kardan　散歩する］

هوا داشت تاریک می شد.　havā dāsht tārīk mīshod.
だんだん暗くなってきていました。［تاریک　tārīk　暗い］

ما داشتیم چای می خوردیم.　mā dāshtīm chāy mīkhordīm.
私たちはお茶を飲んでいました。［چای　chāy　茶］

ما داشتیم اطاق را تمیز می کردیم.　mā dāshtīm otāq rā tamīz mīkardīm.
私たちは部屋を掃除していました。
［اطاق　otāq　部屋、تمیز کردن　tamīz kardan　掃除する］

از خنده داشت می مرد.　az khande dāsht mīmord.
（彼女は）笑いすぎて（＝笑いで）死にそうでした。［خنده　khande　笑い］

دانشجویان داشتند از مسافرت بر می گشتند.
dāneshjūyān dāshtand az mosāferat bar mīgashtand.
学生たちは旅行から帰るところでした。
［مسافرت　mosāferat　旅行、بر گشتن　bar gashtan　帰る］

第14課　未来形

1　短い不定詞

　ペルシア語には、第6課で学んだ不定詞のほかに、「短い不定詞」と呼ばれるタイプの不定詞があります。「短い不定詞」は、通常の不定詞からن‒ -anを除いて作られます。つまり、見かけ上は過去語幹と同じになりますが、動詞活用形の一部でしか用いられない過去語幹とは異なり、未来形や非人称構文中などで、単独で使うことができます。また「短い不定詞」は、特定の人称や時制を表さないため、動詞人称語尾などの接辞をともなうことはありません。さらに、「短い不定詞」は、通常の不定詞のように動名詞としての機能をもつことはありません。詳しい用法については、「短い不定詞」を用いる、それぞれの構文の箇所で説明します。

	不定詞		短い不定詞	
「来る」	آمدن	āmadan	آمد	āmad
「行く」	رفتن	raftan	رفت	raft
「もってくる」	آوردن	āvardan	آورد	āvard
「もっていく」	بردن	bordan	برد	bord
「言う」	گفتن	goftan	گفت	goft
「使う」	استفاده کردن	estefāde kardan	استفاده کرد	estefāde kard
「作る」	درست کردن	dorost kardan	درست کرد	dorost kard

2　未来形

　未来形は、خواستن khāstan「望む、欲する」の現在語幹خواه khāh-に人称語尾Ⅱを加えた形と、短い不定詞から作られます。ストレスは、動詞活用形と

しては例外的ですが、خواهـに接続する動詞人称語尾に置きます。

- رفتن 「行く」

	単数		複数	
1	خواهم رفت	khāhám raft	خواهیم رفت	khāhī́m raft
2	خواهی رفت	khāhī́ raft	خواهید رفت	khāhī́d raft
3	خواهد رفت	khāhád raft	خواهند رفت	khāhánd raft

［否定形］
否定形は肯定形の前にنَـ na-をつけます。ストレスはna-に置きます。

	単数		複数	
1	نخواهم رفت	nákhāham raft	نخواهیم رفت	nákhāhīm raft
2	نخواهی رفت	nákhāhī raft	نخواهید رفت	nákhāhīd raft
3	نخواهد رفت	nákhāhad raft	نخواهند رفت	nákhāhand raft

＊複合動詞の未来形

複合動詞では、خواستنの活用形は、非動詞成分と動詞の間に入ります。ストレスは非動詞成分に置きます。

- استفاده کردن 「使う」

	単数	
1	استفاده خواهم کرد	estefādé khāham kard
2	استفاده خواهی کرد	estefādé khāhī kard
3	استفاده خواهد کرد	estefādé khāhad kard

複数

1 استفاده خواهیم کرد estefādé khāhīm kard
2 استفاده خواهید کرد estefādé khāhīd kard
3 استفاده خواهند کرد estefādé khāhand kard

［否定形］

単数

1 استفاده نخواهم کرد estefāde nákhāham kard
2 استفاده نخواهی کرد estefāde nákhāhī kard
3 استفاده نخواهد کرد estefāde nákhāhad kard

複数

1 استفاده نخواهیم کرد estefāde nákhāhīm kard
2 استفاده نخواهید کرد estefāde nákhāhīd kard
3 استفاده نخواهند کرد estefāde nákhāhand kard

• بر گشتن 「帰る」

	単数		複数	
1	بر خواهم گشت	bár khāham gasht	بر خواهیم گشت	bár khāhīm gasht
2	بر خواهی گشت	bár khāhī gasht	بر خواهید گشت	bár khāhīd gasht
3	بر خواهد گشت	bár khāhad gasht	بر خواهند گشت	bár khāhand gasht

［否定形］

	単数		複数	
1	بر نخواهم گشت	bar nákhāham gasht	بر نخواهیم گشت	bar nákhāhīm gasht
2	بر نخواهی گشت	bar nákhāhī gasht	بر نخواهید گشت	bar nákhāhīd gasht
3	بر نخواهد گشت	bar nákhāhad gasht	بر نخواهند گشت	bar nákhāhand gasht

3　未来形の用法

　未来形は、演説やニュースなどで、将来の予定を述べる際に用いられます。会話文中では、未来の動作や状態は現在形で表されるのが普通ですが、予定や推測、客観的な展望を特に強調する場合には、未来形を用いることがあります。

　未来形は、進行形などの活用形とは異なり、目的語や副詞句などをはさみ込みません。خواستنの活用形は常に短い不定詞の前に置きます。

او به اینجا بر نخواهد گشت. ū be īnjā bar nakhāhad gasht.

彼女はここには戻ってこないでしょう。

آنها سر انجام خسته خواهند شد. ānhā sar anjām khaste khāhand shod.

彼らは最後には疲れてしまうでしょう。［سر انجام　sar anjām　ついに、とうとう］

دیگر مزاحمتان نخواهم شد. dīgar mozāhemetān nakhāham shod.

もう（私が）あなたにご迷惑をおかけすることはないでしょう。

　［دیگر　dīgar　もはや〜でない（否定形とともに）、مزاحم　mozāhem　邪魔な、厄介な］

ماه دیگر بنزین با چه قیمتی عرضه خواهد شد؟

māh-e dīgar benzīn bā che qeymatī 'arze khāhad shod?

来月ガソリンはいくらで（＝どの位の価格で）供給されるだろうか。

　［ماه　māh　月、دیگر　dīgar　次の、بنزین　benzīn　ガソリン、قیمت　qeymat　価格、عرضه شدن　'arze shodan　供給される］

第15課　命令形

1　命令形

　命令形は、現在語幹の前に接頭辞 بِ be- を置き、無語尾のままか、あるいは動詞人称語尾 ـيد -īdをつけることで作ることができます。

　語尾がつかない形 ...بِ be-... は 2 人称単数形、語尾がついた ـيد...بِ be...īdは 2 人称複数形に対応する形です。無語尾の場合は「～しろ、～せよ」、-īdをつけるとやや丁寧な「～しなさい」の意味になります。語尾ゼロの形は、家族や友人などの親しい関係にある相手（つまり、人称代名詞 تو を使える対象）に対して用います。これ以外の相手に使うとぞんざいな印象を与えることがあるので、通常は、ـيد -īd 形を使う方が無難です。現在語幹に ـيد -īd 形をつける際の注意点については、動詞人称語尾Ⅱで説明した通りです。

　ストレスは語尾あり・なしのいずれの場合も بِ be- に置かれます。否定の命令形は、بِ be- に代えて نَ na- をつけ、ストレスは نَ na- に置きます。

- خواندن　khāndan「読む」：現在語幹 خوان khān-

    بخوان　békhān　読め　　بخوانید　békhānīd　読みなさい

    ［否定の命令形］

    نخوان　nákhān　読むな　　نخوانید　nákhānīd　読まないでください

- ديدن　dīdan「見る」：現在語幹 – بين bīn-

    ببين　bébīn　　ببينيد　bébīnīd　　نبين　nabīn　　نبينيد　nabīnīd

- گرفتن　gereftan「受け取る」：現在語幹 – گير gīr-

    بگير　bégīr　　بگيريد　bégīrīd　　نگير　nágīr　　نگيريد　nágīrīd

- کشيدن　keshīdan「引く」：現在語幹 – کش kesh

    بکش　békesh　　بکشيد　békeshīd　　نکش　nákesh　　نکشيد　nákeshīd

複合動詞は、単純動詞と同様に動詞部分を命令形にします。肯定形のストレスは非動詞成分に置きます。

- حرف زدن　harf zadan「話す」：現在語幹 حرف زن– harf zan-

　　حرف بزن　　hárf bezan　　　حرف بزنيد　　hárf bezanīd

　　حرف نزن　　harf názan　　　حرف نزنيد　　harf názanīd

　複合動詞の命令形は、次項で示すように動詞によって例外形がありますので、注意が必要です。

2　注意すべき命令形

1）بودن の命令形

　بودن の命令形は、本来の現在語幹 باش– bāsh- を基にして作られ、例外的に ب be- をつけません。否定形の نَ na- はそのままです。

　　باش　bāsh　　　　باشيد　bāshīd

　　نباش　nabāsh　　　نباشيد　nabāshīd

　　زود باش!　　zūd bāsh!　　　急げ。[زود　zūd　早い]

　　مواظب باشيد.　movāzeb bāshīd.　気をつけなさい。

　　　　　　　　　　　　　　　[مواظب　movāzeb　注意した]

　　نگران نباشيد.　negarān nabāshīd.　心配しないでください。

　　　　　　　　　　　　　　　[نگران　negarān　心配した]

　　اينجا باشيد.　īnjā bāshīd.　ここにいなさい。

2）داشتن の命令形

　داشتن の命令形は、例外的に、داشته باش dāshte bāsh/داشته باشيد dāshte bāshīd となります。この形は本来は接続法完了形ですが、命令形として代用されます。

داشتن を含む複合動詞では、داشته باش/داشته باشید か、بـ be- のつかない形 دار／دارید が用いられます。

اینجا تشریف داشته باشید. īnjā tashrīf dāshte bāshīd.
ここにいらしてください。
[تشریف داشتن　tashrīf dāshtan　いらっしゃる、おいでになる（敬語）]

همینجا نگه دار! hamīnjā negah dār!　ここで停めて！
[همینجا　hamīnjā　まさにここ（で）、نگه داشتن　negah dāshtan　停める、停車する]

3) کردن を含む複合動詞、および前置詞 وا, ور, در, بر, باز を含む複合動詞の命令形 بـ be- が省略されます。禁止の命令では、他の動詞と同様に نـ na- をつけます。

- صحبت کردن　sohbat kardan「話す」：現在語幹 ＿ صحبت کن sohbat kon-

  صحبت کن　sohbát kon　　　صحبت کنید　sohbát konīd
  صحبت نکن　sohbat nákon　　صحبت نکنید　sohbat nákonīd

- بر داشتن　bar dāshtan　「取り上げる、脱ぐ」：現在語幹 ＿ بر دار bár dār-

  بر دار　bár dār　　　بر دارید　bár dārīd
  بر ندار　bar nádār　　بر ندارید　bar nádārīd

4) 現在語幹が /ā/, /ū/, /o/ で始まる動詞の命令形
بـ be-／نـ na- と現在語幹の間にわたり音 /y/ を表す ی を挿入します。بـ be- はこの /y/ の影響で bi-（/i/ は短め）と発音されます。

- آمدن　āmadan「来る」：現在語幹 ＿ آ ā-

  بیا　bíyā　　　بیایید　bíyāyīd
  نیا　náyā　　　نیایید　náyāyīd

第15課　命令形　115

- افتادن‎ oftādan「落ちる」：現在語幹 –افت‎ oft-

    بیفت‎ bíyoft　　بیفتید‎ bíyoftīd

    نیفت‎ náyoft　　نیفتید‎ náyoftīd

5）その他
　会話文では、現在語幹の初めの音節が/o/を含む場合、be-がこの影響でbo-と発音されることがあります。否定形はna-が保たれます。

- خوردن‎ khordan「食べる」：現在語幹 –خور‎ khor-

    بخور‎ békhor または bókhor

    بخورید‎ békhorīd または bókhorīd

- گذاشتن‎ gozāshtan「置く、〜させる」：現在語幹 –گذار‎ gozār-

    بگذار‎ bégozār または bógozār

    بگذارید‎ bégozārīd または bógozārīd

/-av/で終わる現在語幹は、単数の命令形では/-ow/と発音されます。複数形は-av形に‎ـید‎–をつけます。

- رفتن‎ raftan「行く」：現在語幹 –رو‎ rav-, row

    برو‎ bórow　　بروید‎ béravīd

    نرو‎ nárow　　نروید‎ náravīd

- شدن‎ shodan「〜になる」：現在語幹 –شو‎ shav-, show

    بشو‎ béshow/bóshow　　بشوید‎ béshavīd

    نشو‎ náshow　　نشوید‎ náshavīd

3 命令形の用法

命令形は、そのまま用いることもできますが、依頼など、丁寧な命令をする場合には、命令形とともに لطفاً lotfan「どうぞ〜」（依頼）、خواهش می کنم... khāhesh mīkonam ...「お願いします」、بی زحمت bīzahmat「お手数ですが」（＝容易な、手数のかからない）、بفرمایید befarmāyīd「どうぞ〜」（勧誘）などの表現を添えることもできます。

اینطور فکر نکن. īntowr fekr nakon. そんなふうに考えるな。

［اینطور　īntowr　このように、فکر کردن　fekr kardan　考える］

لطفاً فردا به خانه ی ما بیایید. lotfan fardā be khāne-ye mā biyāyīd.

明日どうぞ私たちの家に来てください。

تا ساعت دو بر گردید. tā sā'at-e do bar gardīd.

2時までには帰りなさい。［تا　tā　〜まで、〜までに］

به این دست نزنید. شکستنی است. be īn dast nazanīd. shekastanī ast.

これに手を触れないでください。ワレモノです。

［دست زدن　dast zadan　触る、手を触れる、شکستنی　shekastanī　割れやすい］

مادر بزرگتان را خسته نکنید. mādar bozorgetān rā khaste nakonīd.

あなたのおばあさんを疲れさせてはいけません。

بفرمایید! befarmāyīd!

どうぞ！（相手に何かを渡したり、勧めたりする際に用いる）

روسریتان را بر دارید. rūsarīyetān rā bar dārīd.

（あなたの）ルーサリーを取りなさい。

［روسری　rūsarī　ルーサリー（髪を隠すために頭に被るスカーフ）］

خواهش می کنم این کتاب را به من قرض بدهید.
khāhesh mīkonam īn ketāb rā be man qarz bedahīd.

または

این کتاب را به من قرض بدهید، خواهش می کنم.
īn ketāb rā be man qarz bedahīd, khāhesh mīkonam.

どうぞこの本を私に貸してください。［قرض دادن　qarz dādan　貸す］

لطفاً به فارسی صحبت کنید.　lotfan be fārsī sohbat konīd.

どうぞペルシア語で話してください。

بفرمایید بیایید تو.　befarmāyīd biyāyīd tū.　どうぞ中へお入りください。

複合動詞の命令形では、単純過去形や現在形の場合と同様に、目的語を人称代名詞接尾辞形で表すことができます。

نجاتم بده!　nejātam bedeh!　私を助けて！

［نجات دادن　nejāt dādan　助ける、救済する、救出する］

ولش کن!　velesh kon!　放っておいて！

［ول کردن　vel kardan　自由にする、放っておく］

ペルシア語では、かつて否定 نَ na- と禁止 مَ ma- が区別されていた時期がありました。このため現在でもその名残で、定型表現や古典的表現を好む諺や格言などでは、禁止命令に نَ na- の代わりに مَ ma- を用いることがあります。

مگو　magū　言うな　［گفتن goftan　言う］

کار امروز را به فردا میندازمَ.　kār-e emrūz rā be fardā mayandāz.

今日の仕事を明日に延ばすな。［انداختن　andākhtan　投げる］

یک صبر کن و هزار افسوس مخور.
yek sabr kon va hezār afsūs makhor.

「注意一秒怪我一生」＝一寸待て、千（回）の後悔はするな（諺）

［صبر　sabr　忍耐、我慢、افسوس　afsūs　残念，遺憾］

第16課　完了形・現在完了継続形・分詞

　ペルシア語の完了形には、直説法では現在完了形・過去完了形・現在完了継続形と、後の課で学ぶ接続法完了形があります。この課では、直説法に属する3つの完了形について学びます。

1　過去分詞

　完了形は、いずれも過去分詞から作られます。過去分詞は、過去語幹に ه -e をつけて作り、ストレスは語末の-eに置きます。完了形の一部となるほかに、形容詞としても単独で使われます。

不定詞			過去分詞	
رسیدن	resīdan/rasīdan	到着する	رسیده	resīdé/rasīdé
فرستادن	ferestādan	送る	فرستاده	ferestādé
نوشتن	neveshtan	書く	نوشته	neveshté
رفتن	raftan	行く	رفته	rafté
شدن	shodan	～になる	شده	shodé

複合動詞の過去分詞も、動詞部分を同様に過去分詞にします。

不定詞			過去分詞	
یاد گرفتن	yād gereftan	学ぶ	یاد گرفته	yād gerefté
استفاده کردن	estefāde kardan	使う	استفاده کرده	estefāde kardé
بر گشتن	bar gashtan	帰る	بر گشته	bar gashté

＊単独で使われる過去分詞の用法については、この課の後半で学びます。

2　現在完了形

ペルシア語の現在完了形は、過去分詞とبودنの直説法現在形第1変化から作られます。否定形は前に نَ na- をつけます。

過去分詞とبودنの第1変化は必ず離して書きます。ストレスは過去分詞（否定形では نَ na-）に置きます。

- رفتن raftan「行く」：過去分詞 رفته

	単数		複数	
1	رفته ام	rafté'am	رفته ایم	rafté'īm
2	رفته ای	rafté'ī	رفته اید	rafté'īd
3	رفته است	rafté'ast	رفته اند	rafté'and

［否定形］

	単数		複数	
1	نرفته ام	nárafte'am	نرفته ایم	nárafte'īm
2	نرفته ای	nárafte'ī	نرفته اید	nárafte'īd
3	نرفته است	nárafte'ast	نرفته اند	nárafte'and

＊　否定形は رفته نیستم などの形にはならないので、注意しましょう。
＊　3人称単数形の است はしばしば省略されることがあります。

3　現在完了形の用法

現在完了は、現在の時点からみて、1）ある動作や状態がすでに完了したこと（「～した、～してしまった」）、2）過去に起きた動作や状態が現在もなお継続中、あるいはまだ結果が出ていないこと、3）経験（「～したことがある」）、4）史実、現在に至っても変化しない事象、などを表します。

من این کتاب را خوانده ام.
man īn ketāb rā khānde'am.
私はこの本を読んでしまいました。

از هفته ی پیش نیلوفر را ندیده ام.
az hafte-ye pīsh nīlūfar rā nadīde'am.
（私は）先週からニールーファル（女性）を見ていません。

میوه ها رسیده و خوشمزه شده اند.
mīvehā resīde-o khoshmaze shode'and.
果物（複数）は熟して、おいしくなっています。
［میوه　mīve　果物、خوشمزه　khoshmaze　おいしい］

حالا نوبت ما رسیده (است).
hālā nowbat-e mā resīde (ast).
私たちの番が来ていますよ。［حالا　hālā　今、現在、نوبت　nowbat　番、順番］

کی این را آورده (است)؟
kī īn rā āvarde (ast)?
だれがこれを持ってきたのですか。

برف زمین را پوشیده است.　barf zamīn rā pūshīde'ast.
雪が地面を覆ってしまっています。
［برف　barf　雪、زمین　zamīn　地面、پوشیدن　pūshīdan　覆う、隠す］

تا حالا به شیراز رفته اید؟　tā hālā be shīrāz rafte'īd?
（あなたは）今までにシーラーズに行ったことがありますか。

روزبه به مسافرت رفته و هنوز بر نگشته است.
rūzbe be mosāferat rafte-o hanūz bar nagashte'ast.
ルーズベ（男性）は旅行に行って、まだ戻って来ていません。
［مسافرت　mosāferat　旅行、هنوز　hanūz　まだ（〜でない）］

第16課　完了形・現在完了継続形・分詞　　121

کله ی گنجشک خورده است. kalle-ye gonjeshk khorde'ast.

（彼は）とてもおしゃべりです。＝スズメの頭を食べた（慣用表現）
［کله　kalle　頭、گنجشک　gonjeshk　スズメ］

شاه عباس این کاروانسرا را بنا کرده است.
shāh 'abbās īn kārvānsarā rā banā karde'ast.
シャー・アッバースがこのキャラヴァンサライを建てました。
［شاه عباس　shāh 'abbās　シャー・アッバース（サファヴィー朝時代の王の名前、بنا کردن　banā kardan　建てる、建設する］

4　過去完了形

過去完了は、過去分詞とبودنの過去形から作られます。現在完了形と同様に、過去分詞とبودنの過去形は必ず離して書き、ストレスは過去分詞に置きます。

- رفتن「行く」：過去分詞 رفته

	単数		複数	
1	رفته بودم	rafté būdam	رفته بودیم	rafté būdīm
2	رفته بودی	rafté būdī	رفته بودید	rafté būdīd
3	رفته بود	rafté būd	رفته بودند	rafté būdand

［否定形］ストレスは نَ na- に置きます。

	単数		複数	
1	نرفته بودم	nárafte būdam	نرفته بودیم	nárafte būdīm
2	نرفته بودی	nárafte būdī	نرفته بودید	nárafte būdīd
3	نرفته بود	nárafte būd	نرفته بودند	nárafte būdand

5　過去完了形の用法

過去完了形は、過去の一定の時点における、ある動作や事象の結果や状態を表します。

خورشید غروب کرده بود.　khorshīd qorūb karde būd.

太陽は沈んでしまっていました。

　　[خورشید　khorshīd　太陽、غروب کردن　qorūb kardan　沈む]

آنوقت بیدار شده بودم.　ānvaqt bīdār shode būdam.

その時（私は）もう目が覚めていました。

　　[بیدار شدن　bīdār shodan　目が覚める]

او زیر درخت نشسته بود.　ū zīr-e derakht neshaste būd.

彼女は木の下に座っていました。

شما هم دیده بودید، نه؟　shomā ham dīde būdīd, na?

あなたも見ていたでしょう？

　　[هم　ham　〜も、نه؟　na?（否定の返答「いいえ」は文末に添えると「〜ではないですか」の意味になります）]

من چنین چیزی نشنیده بودم.　man chenīn chīzī nashenīde būdam.

私はこんなことを聞いたことがありませんでした。

　　[چنین　chenīn　このような、چیزی　chīzī：چیز　chīz「もの、こと」+無強勢の-ī]

وقتیکه ناهید به خانه رسید ما ناهار خورده بودیم.
vaqtīke nāhīd be khāne resīd mā nāhār khorde būdīm.

ナーヒード（女性）が家に着いたとき、私たちは昼ご飯を食べ終わっていました。

　　[وقتیکه　vaqtīke　〜の時、ناهار　nāhār　昼食]

6　現在完了継続形

現在完了継続形は、現在完了形に-می mī-をつけて作ります。

第16課　完了形・現在完了継続形・分詞　123

- رفتن raftan「行く」: 過去分詞 رفته

	単数		複数	
1	می‌رفته‌ام	mīrafte'am	می‌رفته‌ایم	mīrafte'īm
2	می‌رفته‌ای	mīrafte'ī	می‌رفته‌اید	mīrafte'īd
3	می‌رفته‌است	mīrafte'ast	می‌رفته‌اند	mīrafte'and

現在完了継続形は、過去における歴史的事実や伝聞などを表しますが、3人称以外では用いられることはごくまれです。過去における継続的動作は未完了過去形でも表すことができますが、現在完了継続形は、感覚的にさらに過去の、動作や状態を表します。

پدر بزرگم در بچگی به این مدرسه می رفته است.
pedar bozorgam dar bachchegī be īn madrase mīrafte'ast.
私の祖父は、子供の頃この学校に通っていたそうです。［بچگی bachchegī 子供時代］

فیلسوفان قدیم مردمان مملکت را به چهار طبقه تقسیم می کرده اند.
fīlsūfān-e qadīm mardomān-e mamlekat rā be chahār tabaqe taqsīm mīkarde'and.
昔の哲学者たちは、その国の人々を4つの階級に分類していました。
［فیلسوف fīlsūf 哲学者、قدیم qadīm 昔の、مردم mardom 人々、مملکت mamlekat 国、国家、طبقه tabaqe 階級、تقسیم کردن taqsīm kardan 分類する］

7　過去分詞の用法

過去分詞は、上のような動詞の活用形を形成する以外に、単独では次のように用いることができます。

1) 形容詞として

完了した動作・状態を表し、名詞などを修飾することができます。特に他動詞の過去分詞は、受動的な完了「～された」を表します。

هفته‌ی گذشته hafte-ye gozashte 先週［گذشتن gozashtan 過ぎる］

ساختمان سوخته　sākhtemān-e sūkhte　燃えた建物
［ساختمان　sākhtemān　建物、سوختن　sūkhtan　燃える、燃やす］

کشورهای پیشرفته　keshvarhā-ye pīshrafte　先進諸国
［کشور　keshvar　国、پیشرفته　pīshrafte　発展した、進歩した＜ پیش رفتن　pīsh raftan　進む、進歩する］

تخم مرغ رنگ کرده　tokhm-e morq-e rang karde
色つき卵（ノウルーズの飾り物の1つ）
［تخم مرغ　tokhm-e morq　鶏卵、رنگ کردن　rang kardan　着色する、色を塗る］

سیب زمینی پوست کنده　sīb zamīnī-ye pūst kande
皮をむいた（＝むかれた）ジャガイモ
［سیب زمینی　sīb zamīnī　ジャガイモ、پوست　pūst　皮、کندن　kandan　むく］

پنجره‌ی شکسته　panjare-ye shekaste　割れた窓
［پنجره　panjare　窓、شکستن　shekastan　壊れる、壊す］

上の形容詞が名詞化する例もみられます。

نوشته‌ها　neveshtehā　書かれた（こと）、記述

گفته‌های استاد　goftehā-ye ostād　先生が言ったこと　［استاد　ostād　先生、師］

گذشته‌ها گذشته (است).　gozashtehā gozashte (ast).　過ぎたことは過ぎたこと。

باد آورده را باد می برد.　bād āvarde rā bād mībarad.
「風がもたらしたものは風が持ちさる」＝努力なく手に入れたものは容易に失うものだ（諺）［باد　bād　風］

2）付帯状況を示す過去分詞「〜して」
　過去分詞に本動詞が続く場合、前の過去分詞は「〜して」という付帯状況を表します。

مینا وارد اطاق شده گفت: «سلام.»　mīnā vāred-e otāq shode goft: "salām."

ミーナー（女性）は部屋に入って言いました：「こんにちは」

［وارد شدن　vāred shodan　入る、سلام　salām　こんにちは］

خداحافظی نکرده رفت.　khodāhāfezī nakarde raft.

（彼は）別れも告げないで行ってしまいました。

［خداحافظی کردن　khodāhāfezī kardan　別れを告げる］

3）複合語の一部として

امامزاده　emāmzāde　イマームの子孫、聖者廟

［امام　emām　イマーム、زاده　zāde　生まれた、子孫＜زادن　zādan　生む］

زلزله زدگان　zelzele zadegān　地震被災者（複数）　［زلزله　zelzele　地震］

8　現在分詞

現在語幹に ان‍ -ān をつけると、現在分詞「～しながら」を作ることができます。ان‍ にはストレスが置かれます。

現在語幹		現在分詞		
پرس‍-	pors-	پرسان	porsán	尋ねながら
خند‍-	khand-	خندان	khandán	笑いながら
رو‍-	rav-	روان	raván	流れる、流暢な

現在分詞は、「～しながら、～している状態の」を表します。それほど頻繁には用いられませんが、以下のような使い方があります。

1）付帯状況「～しながら」

دخترم گریه کنان آمد.　dokhtaram gerīye konān āmad.

私の娘は泣きながらやって来ました。［گریه کردن　gerīye kardan　泣く］

او لبخند زنان در را باز کرد و گفت: «سلام.»
ū labkhand zanān dar rā bāz kard-o goft: "salām."
彼女は微笑みながらドアを開けて言いました：「こんにちは」
［لبخند زدن　labkhand zadan　微笑む、باز کردن　bāz kardan　開ける］

反復する動作を示す時は、現在分詞を重ねて用いることがあります。

پرسان پرسان رفتیم.　porsān porsān raftīm.

（私たちは）何度も聞きながら行きました。［پرسیدن　porsīdan　聞く、尋ねる］

2）形容詞的用法「～している」

現在分詞は名詞を修飾することもできます。なお、叙述用法はありません。

صورت خندان　sūrat-e khandān

笑い顔、笑顔［صورت　sūrat　顔、خندیدن　khandīdan　笑う］

ستارگان درخشان　setāregān-e derakhshān

輝く星々［ستاره　setāre　星、درخشیدن　derakhshīdan　輝く］

第17課　再帰代名詞・不定などに関わる表現

1　再帰代名詞

　ペルシア語の再帰代名詞には خود khod, خویش khīsh, خویشتن khīshtan の3種類があり、現在では خود と خویش が頻繁に用いられます。このうち、خود は幅広く用いられるのに対して、خویش と خویشتن は使用範囲が限定されており、「自らの、自分の」という意味で名詞を修飾する際にのみ使われます。
　خود には、「〜自身」という再帰的用法と、「自分で、自身で」という強意の用法があります。خود を補強するために、さらに人称代名詞をつけることがあります。

1）再帰的用法

　خودم khodam = خود من khod-e man　私自身

　او خودش را در آیینه دید.　ū khodash rā dar āyīne dīd.

　彼女は鏡で自分自身を見ました。［آیینه　āyīne　鏡］

　اینجا منزل خودتان است.　īnjā manzel-e khodetān ast.

　ここはあなた自身の家です。（招待した側が客に対して用いる）

　مواظب خودتان باشید.　movāzeb-e khodetān bāshīd.　お大事に、気をつけて。

　او با ماشین خود به آنجا رفت.　ū bā māshīn-e khod be ānjā raft.

　彼は自分の車でそこに行きました。

2）強意的用法

　「自分で、自身で」と主語を強調する用法です。主語に後置する場合と、前置する場合があります。خود が前に出る場合は、エザーフェが必要になります。

من خودم این کتاب را نوشتم.　man khodam īn ketāb rā neveshtam.
私が自分でこの本を書きました。

شما خودتان این را می برید؟　shomā khodetān īn rā mībarīd?
あなたは自分でこれをもっていくのですか。

خود پدرم گفت.　=　پدرم خودش گفت.
khod-e pedaram goft.　　pedaram khodash goft.
私の父が自ら言ったのです。

خویشはخودに比べると頻度も少なく、主に再帰的用法で用いられます。

برادران خویش　barādarān-e khīsh　自分の兄弟たち

لباس خویش را به آن دختر داد.　lebās-e khīsh rā be ān dokhtar dād.
（彼女は）自分の服をその少女に与えました。

2　不定に関わる代名詞・形容詞・副詞

　不定に関わる語には、数・量「だれか（の）、いくつか（の）、ある〜、一部の〜」、肯定・否定「なにも〜でない、だれも〜でない」、類似・同一「すべて（の）、各々（の）、他（の）〜」などがあります。これらの語句は、多くの場合、無強勢の ـی がついた形で用いられます。

- فرد fard / شخص shakhs / کس kas　「だれか、ある人」

  کسی هست؟　kasī hast?　だれかいますか。

- یکی yekī「だれか、ある人、1つ」

  یکی بود یکی نبود، غیر از خدا هیچ کس نبود.
  yekī būd yekī nabūd, qeyr az khodā hīch kas nabūd.
  昔々（＝だれかいて、だれかいませんでした、神様のほかにだれもいませんでした）

第17課　再帰代名詞・不定などに関わる表現　129

（民話の導入部に用いられる定型表現）

[از غیر qeyr az 〜以外に、خدا khodā 神、هیچ کس hīch kas だれも〜（でない）]

یکی یکی yekī yekī / یکی به یکی yekī be yekī　1つずつ

کدامیک/ کدام یکی را گرفتید؟　kodāmyek / kodām yekī rā gereftīd?

（あなたは）どちらを買ったのですか。（＝どちらを得たのですか）

- یکی از ...　yekī az ...「1つの〜」

後ろには名詞の複数形が続きます。

یکی از آنها گفت.　yekī az ānhā goft.　彼らの1人が言いました。

یکی از شهرهای تاریخی ایران　yekī az shahrhā-ye tārīkhī-ye īrān

イランの歴史的都市の1つ［تاریخی　tārīkhī　歴史的な、歴史上の］

- چیز　chīz「もの、こと、何か」

多くはهر har, همه hame「全ての」、هیچ hīch「何も」などや修飾語句とともに用いられますが、無強勢の -ī がついた形چیزی chīzīは、単独でも「何か、あるもの」の意味で用いることができます。

چیز خوبی پیدا کردید؟　chīz-e khūbī peydā kardīd?

（あなたは）何かいい物を見つけましたか。

در این فروشگاه همه چیز هست.　dar īn forūshgāh hame chīz hast.

このデパートには何でもあります。［فروشگاه　forūshgāh　デパート］

چیزی نیست!　chīzī nīst!　大したことないよ！

- همه　hame「全て、全ての」

名詞としても形容詞としても用いられます。کس kas や چیز chīz などの不定

代名詞とともに使われることもあります。

فردا همه به موزه ی ملی ایران می روند.
fardā hame be mūze-ye mellī-ye īrān mīravand.
明日は全員イラン国立博物館に行きます。
［موزه ی ملی ایران　mūze-ye mellī-ye īrān　イラン国立博物館］

از همه دعوت کردیم.　az hame da'vat kardīm.
（私たちは）みんなを招待しました。

همه اش را بخورید.　hame'ash rā bekhorīd.
全部食べてくださいね。

همه ی مردم به او تبریک گفتند.　hame-ye mardom be ū tabrīk goftand.
すべての人々が彼にお祝いを言いました。
［تبریک گفتن　tabrīk goftan　お祝いを言う］

形容詞（「すべての〜」）として用いられる場合は、前から名詞を修飾し、エザーフェは用いません。

همه کس　hame kas　すべての人

همه چیز　hame chīz　すべての物

همه جا　hame jā　すべての場所

- تمام　tamām「全て、全ての」

上のهمهとは異なり、形容詞として用いられる場合は、名詞に後置されます。

تمام ایرانیها　tamām-e īrānīhā　全てのイラン人（＝イラン人全て）

تمام روز　　tamām-e rūz　　一日中、終日

بیست سال تمام　　bīst sāl-e tamām　　満20歳

تمامには副詞としての用法もあります。

آنرا تمام خورد.　　ānrā tamām khord.　（彼は）それをすっかり平らげました。

- هر　har「毎〜、各々の〜」

هر は形容詞としてのみ用いられ、必ず名詞の前に置きます。

هر روز　　har rūz　　毎日

هر هفته　　har hafte　　毎週

هر سال　　har sāl　　毎年

هر وقت　　har vaqt　　いつも、〜するごとに

هر موقع　　har mowqe'　　いつも、〜する時にはいつも

هر دو (تا)　　har do (tā)　　どちらも、いずれも

هر جا／هر کجا　har jā/ har kojā　どこでも

هر کدام از～／هر یک از～　har kodām az〜／har yek az〜　〜のいずれも

هر یک／هر کدام／هر کس　har yek/ har kodām/ har kas　全て、各人、各々

فیروزه و فریده هر دو دانشجو هستند.　fīrūze-o farīde har do dāneshjū hastand.
フィールーゼ（女性）とファリーデ（女性）は2人とも学生です。

هر یک کوشش می کرد.　har yek kūshesh mīkard.
各自が努力していました。［کوشش کردن　kūshesh kardan　努力する］

- ديگر　dīgar「他、他の、次の、翌〜」

    هفته ی ديگر　hafte-ye dīgar　翌週　　ديگران　dīgarān　他人

    کسی ديگر را صدا کنيد.　kasī dīgar rā sedā konīd.

    だれか他の人を呼んでください。[صدا کردن　sedā kardan　呼ぶ]

- يکديگر　yek dīgar / همديگر　hamdīgar　「相互、互い」

    ما يکديگر را ديديم.　mā yekdīgar rā dīdīm.　私たちは互いを見ました。

- هيچ　hīch「何も〜でない」

    名詞または形容詞として、否定形とともに使います。

1）名詞として

    من هيچ نگفتم.　　man hīch nagoftam.　　私は何も言いませんでした。

    من از هيچ نمی ترسم.　man az hīch nemītarsam.　私は何も恐れません。

2）形容詞として

　　هيچ は上の用法のように単独で名詞として使われる以外に、یک yek、کدام kodām、چيز chīz、کس kas、گاه gāh、وقت vaqt などの語の前に置き、動詞の否定形と用いて、「どれも」「だれも」「何も」「決して、いつの時も」（〜でない）などの意味となります。هيچ の後に置かれる名詞は、離して書かれることが多いですが、つなげて書いてもかまいません。このような هيچ を含む語句が主語になる場合は、対応する動詞は3人称単数形になります。

    ديروز به بازار رفتم اما هيچ چيز نخريدم.
    dīrūz be bāzār raftam ammā hīch chīz nakharīdam.
    （私は）昨日バーザールに行きましたが、何も買いませんでした。
    [اما　ammā　しかし]

هیچ کس به او خبر نداد. hīch kas be ū khabar nadād.
だれも彼に知らせませんでした。

من هیچگاه این روز را فراموش نخواهم کرد.
man hīchgāh īn rūz rā farāmūsh nakhāham kard.
私はこの日（のこと）を決して忘れないでしょう。

دوست همه کس دوست هیچ کس نیست.
dūst-e hame kas dūst-e hīch kas nīst.
「万人の友は誰の友でもない」（格言）

- فلان folān/felān「某、これこれの」

名詞および形容詞として用いられます。はっきりと名指ししたくない事物・人物の代わりに使われることもあります。

فلان کس　folān/felān kas　某　　فلان جا　folān/felān jā　某所

فلانی احوال ترا می پرسید.　folānī ahvāl-e torā mīporsīd.

だれかさんが君の様子を聞いていましたよ。
［احوال ahvāl 様子、状況（حال hālの複数形）］

- چند chand「いくつかの、いくらかの、数〜」

疑問詞としての用法と混乱しないようにしましょう。

چند کیلو خرما　chand kīlo khormā

数キロのナツメヤシ［خرما khormā ナツメヤシ（果実）］

無強勢のیがついた形چندی chandī「いくつか、しばらく」も不定代名詞として用いられます。

چندی پیش　　　　chandī pīsh　　しばらく以前に

چندی است که ...　chandī ast ke ...　...してしばらくになる

چندی نگذشت که ...　chandī nagozasht ke ...

...それほど経たないうちに、まもなく...

- بعضی / برخی　bá'zī / bárkhī「一部」

    بعضی می گویند...　ba'zī mīgūyand...

    一部（の人）が言っています...

    بعضی رفتند بعضی ماندند.　ba'zī raftand ba'zī māndand.

    一部は去り、一部は残りました。

- بعضی از ~　bá'zī az ~「一部の~」

    یکی と同様に、後ろには名詞の複数形（または複数を表す名詞）が続きます。

    بعضی از عشایر کوچ نشین هستند.　ba'zī az 'ashāyer kūchneshīn hastand.

    部族民の一部は遊牧民です。

    ［عشایر　'ashāyer　部族民；遊牧民、کوچ نشین　kūchneshīn　遊牧民］

このほか、類似の用法として、بسیاری از ~ besyārī az ~「多くの~」、برخی از ~ bárkhī az ~「一部の~」などがあります。

بسیاری از مردم می گویند ...　besyārī az mardom mīgūyand ...

多くの人々が言っています...

第18課　前置詞 II

この課では、前置詞 II と、複合前置詞について学びます。

1　前置詞 II

　前置詞 II は、単純前置詞のうちすでに学んだاز, بهなどの「由緒正しい」前置詞 I に対して、本来は前置詞でない名詞や副詞などが前置詞的に用いられたタイプです。この種の前置詞的用法は、前置詞 I に比べてはるかに種類が多いのが特徴で、定型表現として定着しているものもあれば、臨時に用いられるものも多くみられます。前置詞 II では、後続の目的語との間にエザーフェが必要となりますので、注意が必要です。

　以下に、よく使われるものをあげておきます。

بالایِ	bālā-ye	～の上に、上方に
بدونِ	bedūn-e	～なしに
برابرِ	barābar-e	～に向かって、～に対して、～に面して
برایِ	barāye	～のために
بغلِ	baqal-e	～の傍らに、～のそばに
بیرونِ	bīrūn-e	～の外に
بینِ	beyn-e	～の間に
پایینِ	pāyīn-e	～の下に、下方に
پشتِ	posht-e	～の後ろに
پهلویِ	pahlū-ye	～の傍らに、～の側に
پیشِ	pīsh-e	～の許に

تحتِ	taht-e	〜の下（もと）で
توی	tū-ye	〜の中に、中で
(به) توسطِ	(be) tavassot-e	〜を通して、〜によって
جلویِ/جلو	jelow-e/jelo-ye	〜の前に
چون	chūn	〜のように（な）

* چون は例外的に目的語との間にエザーフェが入りません。

(در) حدودِ	(dar) hodūd-e	約、およそ
خارجِ	khārej-e	〜の外に、外で
دمِ	dam-e	〜の近くに
(به) دنبالِ	be donbāl-e	〜の後から、〜を求めて
دورِ	dowr-e	〜のまわりに
روبرویِ	rūberū-ye	〜に面して
رویِ	rū-ye	〜の上に
زیرِ	zīr-e	〜の下に
سرِ	sar-e	〜の上に
(به) سویِ	(be) sū-ye	〜の方へ
(بر) طبقِ	(bar) tebq-e	〜によって
(در) طیِ	(dar) teyy-e	〜のうちに、〜の間に
کنارِ	kenār-e	〜のそばに、わきに
مثلِ	mesl-e	〜のように
موافقِ	movāfeq-e	〜に従って

第18課　前置詞Ⅱ

میانِ	miyān-e	〜の間に、〜の中に
نزدیکِ	nazdīk-e	〜の近くに
(در) وسطِ	(dar) vasat-e	〜の中央に
همراهِ	hamrāh-e	〜とともに　など

前置詞Ⅱの目的語は、人称代名詞接尾辞形によっても表されます。

برایمان	barāyemān	私たちのために	بعدش	ba'desh	その後で
پایینش	pāyīnesh	その下に（で）	رویش	rūyash	その上に（で）
همراهتان	hamrāhetān	あなたに同行して			

2　複合前置詞

複数の語から成る複合前置詞には、以下の2つのタイプがあります。

①形容詞・副詞・名詞＋前置詞Ⅰ
②前置詞Ⅰ＋名詞

①は前置詞Ⅰ（本来の前置詞）で終わるため、後続の目的語との間にエザーフェは必要ありません。これに対して、②は名詞で終わるため、目的語との間にエザーフェが必要となります。それぞれのタイプには、以下のような例があります。

①形容詞・副詞・名詞＋前置詞Ⅰ
　後続の目的語との間にエザーフェを必要としないタイプです。

بعد از	ba'd az	〜の後に	پس از	pas az	〜の後に
پیش از	pīsh az	〜の前に	قبل از	qabl az	〜の前に

راجع به	rāje' be	〜について
علاوه بر	'elāve bar	〜の他に、〜に加えて
غیر از	qeyr az	〜以外に
گذشته از	gozashte az	〜の他に
مربوط به	marbūt be	〜に関連して
نسبت به	nesbat be	〜に比べて　　など

② 前置詞Ⅰ＋名詞

目的語との間にエザーフェを必要とするタイプです。なお、هを含む語では、هを省略して前置詞Ⅰと名詞がつなげて書かれることがあります。

به استثنایِ	be estesnā-ye	〜をのぞいて
در اثرِ	dar asar-e	〜の結果
در بارهٔ	dar bāre-ye	〜について
با وجودِ	bā vojūd-e	〜にもかかわらず
به جایِ	be jā-ye	〜の代わりに
به خاطرِ	be khāter-e	〜のために
در خصوصِ	dar khosūs-e	〜について
به دستِ	be dast-e	〜によって
از راهِ	az rāh-e	〜を経て
از طرفِ	az taraf-e	〜の方から
به طرفِ	be taraf-e	〜の方へ
به سمتِ	be samt-e	〜の方に

第18課　前置詞Ⅱ　139

به سمتِ	be semat-e	〜の資格で、〜として
به عنوانِ	be 'onvān-e	〜の資格で、〜として
به علتِ	be 'ellat-e	〜の理由で
در عقبِ	dar 'aqab-e	〜の後ろに
از لحاظِ	az lahāz-e	〜の点から
به وسیله یِ	be vasīle-ye	〜によって（手段）　　など

　このタイプの複合前置詞の目的語は、他の前置詞と同様に、人称代名詞接尾辞形で表すこともあります。

　در باره اش　dar bāre'ash　それについて

第19課　比較表現・感嘆文

1　比較級・最上級

　形容詞・副詞の比較級「より〜な、より〜に」、形容詞の最上級「もっとも〜な」はそれぞれ、語尾に تر– -tar／ ترین– -tarīn をつけて作ります。これらの語尾にはストレスを置きます。

原級		比較級	最上級
بزرگ bozórg	大きい	بزرگتر bozorgtár	بزرگترین bozorgtarī́n
کوچک kūchék	小さい	کوچکتر kūchektár	کوچکترین kūchektarī́n
زیبا zībā	美しい	زیباتر zībātár	زیباترین zībātarī́n
جدید jadīd	新しい	جدیدتر jadīdtár	جدیدترین jadīdtarī́n
کم kam	少ない	کمتر kamtár	کمترین kamtarī́n
تند tond	速い、速く	تندتر tondtár	تندترین（形容詞のみ） tondtarī́n
زود zūd	早い、早く	زودتر zūdtár	زودترین（形容詞のみ） zūdtarī́n

　تر– -tar／ ترین– -tarīnがサイレントのهで終わる語につくときには、前の語から離して書きます。

原級	比較級	最上級
خوشمزه　おいしい khoshmaze	خوشمزه تر khoshmazetar	خوشمزه ترین khoshmazetarīn
زنده　生き生きした zende	زنده تر zendetar	زنده ترین zendetarīn

خوب /به「良い」、زیاد /بیش「多い」は、おのおのの語に比較級と最上級がありますが、比較級および最上級には、بهتر /بهترین, بیشتر /بیشترینを用いるのが一般的です。

原級	比較級	最上級
خوب　良い khūb	خوبتر khūbtar	خوبترین khūbtarīn
به　良い beh	بهتر behtar	بهترین behtarīn
زیاد　多い ziyād	زیادتر ziyādtar	زیادترین ziyādtarīn
بیش　多い bīsh	بیشتر bīshtar	بیشترین bīshtarīn

2　比較級の用法

　形容詞の比較級には、名詞を修飾する限定用法と、文中で補語となる叙述用法があります。比較の対象は、از ＋○○で表されます。

1）限定用法

مغازه ی بزرگتر　maqāze-ye bozorgtar　より大きい店［مغازه　maqāze　店］

جای خنکتر　jā-ye khonaktar　より涼しい場所［خنک　khonak　涼しい］

比較の対象に人称代名詞接尾辞形がついた形は、名詞として用いられることがあります。

بهترش را ندارید؟ behtarash rā nadārīd?（それより）もっといい物はないのですか。

2）叙述用法
　比較の対象「از＋○○」は、比較級の前に置くのが通常の語順ですが、比較級を強調する場合などは、後に置いても構いません。

مشهد از اصفهان بزرگتر است.
mashhad az esfahān bozorgtar ast.
マシュハド（都市名）はエスファハーンより大きいです。

این بسته از آن سنگینتر است.
īn baste az ān sangīntar ast.
この小包はあれよりも重いです。［بسته　baste　小包、سنگین　sangīn　重い］

روزها کم کم کوتاهتر می شوند.
rūzhā kam kam kūtāhtar mīshavand.
だんだん日が短くなっていきます。［کوتاه　kūtāh　短い］

او از دخترم جوانتر است.
ū az dokhtaram javāntar ast.
彼女は私の娘より若いです。［جوان　javān　若い］

　以下の場合には、比較の対象の前に、ازの代わりにتاが置かれることがあります。②と③の場合には、必ずتاを用います。

①比較の対象が動詞の後に来るとき

این اطاق بزرگتر است تا آن اطاق.
īn otāq bozorgtar ast tā ān otāq.
この部屋はあの部屋より広いです。

第19課　比較表現・感嘆文　143

②比較の対象が前置詞や後置詞の目的語であるとき

من این را بیشتر دوست دارم تا آن را.

man īn rā bīshtar dūst dāram tā ān rā.
私はあちらよりもこちらの方がより好きです。

③節と節の比較のとき

عامه ی ایرانیان بیشتر به تاریخ اساطیری واقفند تا به تاریخ واقعی.

'āmme-ye īrāniyān bīshtar be tārīkh-e asātīrī vāqefand tā be tārīkh-e vāqe'ī.
イラン人の大衆は、事実上の歴史よりも神話上の歴史をより多く知っています（تا以下にواقفندが省略されています）。
［عامه 'āmme 民衆、庶民、تاریخ tārīkh 歴史、اساطیری asātīrī 神話の、واقف vāqef 知っている、気づいている、واقعی vāqe'ī 実際の、真の］

比較の対象が重複する語を含む場合には、مالやآنが代わりに用いられることがあります。

خانه ی من قدیمیتر است تا مال مریم.

khāne-ye man qadīmītar ast tā māl-e maryam.
私の家はマルヤムの（家）より古いです。

3）副詞の比較級
形容詞と同様、比較の対象は「از＋○○」で表します。

ما زودتر از همیشه حرکت کردیم.

mā zūdtar az hamīshe harakat kardīm.
私たちはいつもより早く出発しました。［حرکت کردن harakat kardan 出発する］

کمی آهسته تر صحبت کنید.

kamī āhestetar sohbat konīd.
もう少しゆっくり話してください。［آهسته āheste ゆっくり］

4）比較級を使った表現

比較級は、از همه az hame「どれ（全て）よりも…」、○○ از تمام az tamām-e「全ての○○よりも…」、○○ های دیگر از as…hā-ye dīgar「他の○○よりも…」などと一緒に用いると、最上級の意味を表すことができます。

رضا از همه بلندتر است.　rezā az hame bolandtar ast.

レザー（男性）はだれよりも背が高いです。

فرزانه از همه تندتر حرف می زند.

farzāne az hame tondtar harf mīzanad.

ファルザーネ（女性）は誰よりも早口です（＝誰よりも速く話します）。

این هتل از همه ی هتلها معروفتر است.

īn hotel az hame-ye hotelhā ma'rūftar ast.

このホテルはどのホテルよりも有名です。［معروف　ma'rūf　有名な］

من فصل بهار را از فصلهای دیگر بیشتر دوست دارم.

man fasl-e bahār rā az faslhā-ye dīgar bīshtar dūst dāram.

私は他の季節よりも、春がもっと好きです。［بهار　bahār　春、فصل　fasl　季節］

「AとBはどちらがより～か」は「A＋比較級＋動詞＋یا＋B」で表します。Bの後の動詞は省略されます。

کوه دماوند بلند تر است یا کوه سهند؟
kūh-e damāvand bolandtar ast yā kūh-e sahand?

ダマーヴァンド山とサハンド山はどちらが高いですか。

この他の比較級を使った定型表現を以下にあげます。

- هر چه … تر　har che … tar「できるだけ…」

فردا صبح هر چه زودتر بیایید.　fardā sobh har che zūdtar biyāyīd.

明日の朝はできるだけ早く来てください。

- هر چه A tar B tar ... تر ... تر har che A tar B tar 「AであればあるほどB」

  هر چه بیشتر بهتر (است).
  har che bīshtar behtar (ast).
  多ければ多いほど良いです。

- ... بیشتر ...bīshtar「…だけ」

  数を表す語句の後に بیشتر を添えると、「…だけ、…しか」の意味になります。通常は否定形と一緒に用いられます。

  دو روز بیشتر آنجا نماندیم.
  do rūz bīshtar ānjā namāndīm.
  （私たちは）2日しかそこに滞在しませんでした。

3 最上級の用法

　最上級は限定用法として、後続の語を修飾する場合にのみ用いられます。叙述用法はありません。また、最上級は副詞として用いることもできないため、副詞を最上級（「彼は最も速く走った」など）にしたい場合には、上であげた、比較級を用いた最上級表現（از همه...تر 「どれよりも…」、از تمام ○○...تر 「全ての○○よりも…」、از ○○ دیگر...تر 「他の○○よりも…」）で表します。
　最上級は必ず名詞の前に置きます。後続の語との間にエザーフェは必要ありません。

قدیمی ترین مغازه　qadīmītarīn maqāze　最も古い店

پرجمعیت‌ترین شهر ایران　por jam'īyattarīn shahr-e īrān
イランで最も人口の多い都市［پرجمعیت　por jam'īyat　人口の多い］

شب یلدا بلندترین شب سال است.
shab-e yaldā bolandtarīn shab-e sāl ast.
冬至（の夜）は、一年で最も長い夜です。

امروز گرمترین روز بود.　emrūz garmtarīn rūz būd.　今日は最も暑い日でした。

اسم بزرگترین و سنتی ترین بازار ایران چیست؟
esm-e bozorgtarīn-o sonnatītarīn bāzār-e īrān chīst?
イランの最も大きくて伝統的なバーザールの名前は何ですか。

［سنتی　sonnatī　伝統的な］

最上級は、比較級の場合と同様に、人称代名詞接尾辞形がついた際には名詞として用いられることがあります。

شیرینترینش کدام است؟　shīrīntarīnesh kodām ast?

（その中で）一番甘いのはどれですか。

最上級を名詞化した、次のような用例もあります。

دماوند بلندترین کوههای ایران است.　damāvand bolandtarīn-e kūhhā-ye īrān ast.

ダマーヴァンドはイランの山々の中で最も高い（山）です（＝ダマーヴァンドはイランで最も高い山です）。

4　感嘆文

感嘆文には、次の2種類があります。

1）عجب / چقدر / چه ＋形容詞・副詞「なんて〜なのだろう」「なんて〜に××するのだろう」

強調したい形容詞や副詞の前にچه cheやچقدر chéqadr, عجب 'ajabを置いて作ります。

چه خوب!　che khūb!　　　いいね。

چقدر گرم است!　cheqadr garm ast!　なんて暑いのでしょう。

چقدر زود رسید!　cheqadr zūd resīd!　（彼女は）なんと早く着いたのでしょう。

آزادی چقدر خوب است! āzādī cheqadr khūb ast!

自由はなんと良いのでしょう。[آزادی　āzādī　自由]

2) چه/عجب + 名詞（句）+ 無強勢のī-「なんて〜な○○なのだろう」
　強調したい形容詞の前に چه「なんと」や عجب「驚き、驚くべき」を置きます。名詞には無強勢の ī- をつけます。

چه روز خوبی (است)! che rūz-e khūbī (ast)!　なんていい日なのでしょう。

چه منظره ی قشنگی (است)! che manzare-ye qashangī (ast)!
なんて美しい眺めなのでしょう。[منظره　manzare　景色、眺め]

به به! چه آشی! bah bah! che āshī!

おやまあ、なんて（美味しい）スープなのでしょう。
　[به به　bah bah　おやまあ（賞賛する時の感嘆詞）、آش　āsh　スープ]

عجب هوای خوبی! 'ajab havā-ye khūbī!　なんていい天気なのでしょう。

第20課　接続法

　接続法は、話し手が、「疑念、願望、勧告、意見、不確実な概念、将来生じる可能性や必然性」を感じながら、ある動作や状態に言及する際に用いられる話法です。そこで示される事象が事実であるか、また実現可能かどうかは関係がありません。話し手が主観的に、生じる可能性がある、またはそれを期待・懸念すると判断した事態を述べる際に用います。この点で、接続法は、これまで学んできた、事実（または話し手が事実と認識している事象）を述べる直説法とは大きく異なります。

　本書ではこの話法を「接続法」と呼んでいますが、ペルシア語では従属節内や助動詞とともに用いる以外に、単独でも頻繁に使われます。

　ペルシア語の接続法には、接続法現在形と接続法完了形があります。

1　接続法現在形

　接続法現在形は、接頭辞 بِ be-（否定形は نَ na-）+ 現在語幹 + 動詞人称語尾Ⅱから作ります。現在語幹に動詞人称語尾Ⅱを接続する際の注意は、直説法現在形の課（第8課）で学んだ通りです。

　ストレスは、単純動詞では بِ be-（否定形では نَ na-）、複合動詞では非動詞成分に置きます。

- رفتن「行く」：現在語幹 –رو rav-

	単数		複数	
1	بروم	béravam	برویم	béravīm
2	بروی	béravī	بروید	béravīd
3	برود	béravad	بروند	béravand

149

- حرف زدن「話す」：現在語幹−زن حرف　harf zan-

	単数		複数	
1	حرف بزنم	hárf bezanam	حرف بزنیم	hárf bezanīm
2	حرف بزنی	hárf bezanī	حرف بزنید	hárf bezanīd
3	حرف بزند	hárf bezanad	حرف بزنند	hárf bezanand

  否定形は、بِ be-に代えてنَ na-をつけます。ストレスは、単純動詞・複合動詞ともにنَ na-に置きます。

- رفتن「行く」

	単数		複数	
1	نروم	náravam	نرویم	náravīm
2	نروی	náravī	نروید	náravīd
3	نرود	náravad	نروند	náravand

- حرف زدن「話す」

	単数		複数	
1	حرف نزنم	harf názanam	حرف نزنیم	harf názanīm
2	حرف نزنی	harf názanī	حرف نزنید	harf názanīd
3	حرف نزند	harf názanad	حرف نزنند	harf názanand

2　注意すべき接続法現在形の作り方

次の動詞の接続法現在形は不規則形となります。

- بودن ‎: 現在語幹 – باش bāsh-

	単数		複数	
1	باشم	bā́sham	باشیم	bā́shīm
2	باشی	bā́shī	باشید	bā́shīd
3	باشد	bā́shad	باشند	bā́shand

  ［否定形］

	単数		複数	
1	نباشم	nábāsham	نباشیم	nábāshīm
2	نباشی	nábāshī	نباشید	nábāshīd
3	نباشد	nábāshad	نباشند	nábāshand

- داشتن 「持つ」：現在語幹 – دار dār-

  単純動詞داشتنと、داشتنを含む複合動詞の一部では、接続法現在形の代わりに下記の接続法完了形が用いられます。

	単数		複数	
1	داشته باشم	dāshté bāsham	داشته باشیم	dāshté bāshīm
2	داشته باشی	dāshté bāshī	داشته باشید	dāshté bāshīd
3	داشته باشد	dāshté bāshad	داشته باشند	dāshté bāshand

  ［否定形］

	単数		複数	
1	نداشته باشم	nádāshte bāsham	نداشته باشیم	nádāshte bāshīm
2	نداشته باشی	nádāshte bāshī	نداشته باشید	nádāshte bāshīd
3	نداشته باشد	nádāshte bāshad	نداشته باشند	nádāshte bāshand

なお、一部の複合動詞に限定して、داشتنの接続法現在形では、接頭辞 بـ be- が省略された、以下の形が用いられることがあります。

- بر داشتن 「持ち上げる、取り上げる」：現在語幹 بر دار– bar dār-

	単数		複数	
1	بر دارم	bár dāram	بر داریم	bár dārīm
2	بر داری	bár dārī	بر دارید	bár dārīd
3	بر دارد	bár dārad	بر دارند	bár dārand

［否定形］

	単数		複数	
1	بر ندارم	bar nádāram	بر نداریم	bar nádārīm
2	بر نداری	bar nádārī	بر ندارید	bar nádārīd
3	بر ندارد	bar nádārad	بر ندارند	bar nádārand

کردنを含む複合動詞およびبر, در, بازを含む複合動詞は接頭辞 بـ be- が省略されます。否定形は通常の接続法現在形の作り方と同じです。ストレスは肯定形では非動詞成分の最後の音節、否定形ではna-の上に置かれます。

- صحبت کردن 「話す」：現在語幹 صحبت کن– sohbat kon-

	単数		複数	
1	صحبت کنم	sohbát konam	صحبت کنیم	sohbát konīm
2	صحبت کنی	sohbát konī	صحبت کنید	sohbát konīd
3	صحبت کند	sohbát konad	صحبت کنند	sohbát konand

［否定形］

	単数		複数	
1	صحبت نکنم	sohbat nákonam	صحبت نکنیم	sohbat nákonīm
2	صحبت نکنی	sohbat nákonī	صحبت نکنید	sohbat nákonīd
3	صحبت نکند	sohbat nákonad	صحبت نکنند	sohbat nákonand

• 「帰る」: 現在語幹 برگرد- bar gard-

	単数		複数	
1	برگردم	bár gardam	برگردیم	bár gardīm
2	برگردی	bár gardī	برگردید	bár gardīd
3	برگردد	bár gardad	برگردند	bár gardand

［否定形］

	単数		複数	
1	برنگردم	bar nágardam	برنگردیم	bar nágardīm
2	برنگردی	bar nágardī	برنگردید	bar nágardīd
3	برنگردد	bar nágardad	برنگردند	bar nágardand

＊ これ以外でも、単純動詞として用いられるکردن, شدنを含む複合動詞などでは、語調を整えるために、しばしば接頭辞 بـ be-が省略されることがあります。

命令形の項（第15課）で説明したように、現在語幹が/ā/, /ū/, /o/で始まる場合は接頭辞 بـ be-／نـ na- と現在語幹の間にわたり音/y/を表すیを挿入します。بـ be-はこの/y/の影響でbi-（/i/は短め）と発音されます。

第20課 接続法

- آمدن 「来る」：現在語幹 –آ ā-

	単数		複数	
1	بیایم	bíyāyam	بیاییم	bíyāyīm
2	بیایی	bíyāyī	بیایید	bíyāyīd
3	بیاید	bíyāyad	بیایند	bíyāyand

［否定形］

	単数		複数	
1	نیایم	náyāyam	نیاییم	náyāyīm
2	نیایی	náyāyī	نیایید	náyāyīd
3	نیاید	náyāyad	نیایند	náyāyand

3　接続法現在形の用法

　上で説明したように、接続法は、話し手が、疑念や願望などをもちながら、生じる可能性のある動作や状態に言及する際に用いられます。発話内容が事実であるか、あるいは実現可能かどうかには関係がありません。

　接続法現在形は、この後の課で学ぶ助動詞とともに用いるほか、単独で用いる場合は、単文内で本動詞となったり、条件・目的などを表す従属節内で使うことができます。ここでは、単独用法の使い方をみておきましょう。

　چه کار کنم؟　che kār konam?　どうしよう？

　باشد!　bāshe!（口語発音）いいですよ、OK！

　چه کنم، چه نکنم؟　che konam, che nakonam?
　（私は）どうすればいいのでしょう（＝何をしようか、何をすまいか）。

خیالتان راحت باشد. khiyāletān rāhat bāshad.
安心してください（＝あなたの思いが楽であるように）。
［خیال khiyāl 考え、思考、راحت rāhat 楽な］

دست شما درد نکند. dast-e shomā dard nakonad.
ありがとう（＝あなたの手が痛まないように）。
＊相手が話し手のために何らかの労力や時間をかけてくれたことに対する感謝を表します。これに対する返答は．سر شما درد نکند sar-e shomā dard nakonad.「どういたしまして」（＝あなたの頭が痛みませんように）です。

(خدا) نکند فردا باران بیاید! (khodā) nakonad fardā bārān biyāyad!
明日、雨が降りませんように。［(خدا) نکند (khodā) nakonad～ ～ではありませんように（＝神様が～なさいませんように）］

این کتاب اینجا باشد؟ īn ketāb īnjā bāshad?
この本はここにあった方がいいですか？

کباب برگ باشد یا کوبیده؟ kabāb barg bāshad yā kūbīde?
キャバーブは一枚肉のがいいですか、それともひき肉の（がいいですか）？
［کباب kabāb キャバーブ、برگ barg 葉；一枚肉の（キャバーブ）、کوبیده kūbīde 挽いた（後半のباشدが省略されています）］

خدا همه را بیامرزد. khodā hame rā biyāmorzad.
神様が全ての人をお赦しになる（ように）。［آمرزیدن āmorzīdan 赦す］

接続法現在・1人称単数形の疑問文は「～しましょうか」と、何かを提案して相手の意向を問う意味になることがあります。

برایتان چه بیاورم؟ barāyetān che biyāvaram?
（私は）あなた（のため）に何を持ってきましょうか。

به فارسی صحبت کنم؟ be fārsī sohbat konam?
（私は）ペルシア語で話しましょうか。

من هم بیایم؟ man ham biyāyam?　私も行きましょうか。

接続法現在の 1 人称複数形は、「〜しましょう」という勧誘の表現にもなります。

کمی قدم بزنیم. kamī qadam bezanīm.
少し歩きましょう。［قدم زدن　qadam zadan　歩く］

اینجا بنشینیم و استراحت کنیم. īnjā beneshīnīm-o esterāhat konīm.
ここで座って休憩しましょう。［استراحت کردن　esterāhat kardan　休憩する］

4　接続法完了形

接続法完了形は、ある動作や事象が完了したかどうかについて、話し手が可能性や疑念、期待、懸念などをもって述べる場合に用いられます。

接続法完了形は、過去分詞 + بودن 接続法現在形から作られます。ストレスは過去分詞の上に置かれます。

- رفتن「行く」

	単数		複数	
1	رفته باشم	rafté bāsham	رفته باشیم	rafté bāshīm
2	رفته باشی	rafté bāshī	رفته باشید	rafté bāshīd
3	رفته باشد	rafté bāshad	رفته باشند	rafté bāshand

［否定形］

	単数		複数	
1	نرفته باشم	nárafte bāsham	نرفته باشیم	nárafte bāshīm
2	نرفته باشی	nárafte bāshī	نرفته باشید	nárafte bāshīd
3	نرفته باشد	nárafte bāshad	نرفته باشند	nárafte bāshand

5　接続法完了形の用法

　接続法完了形は、その名称の通り、ある動作や事象が完了したか否かについて、話し手が疑念や推測、期待、義務、祈願、懸念などをもっていることを表します。条件文や祈願文中で用いられるほか、その事態に対する話し手のとらえかたによって、「おそらく」「きっと」「〜だろう」「〜に違いない」などの語句や助動詞がともに用いられることがあります。

ممکن است خواهرتان را قبلاً دیده باشم.
momken ast khāharetān rā qablan dīde bāsham.
（私は）おそらく以前にあなたの姉に会ったことがあります。
　　［ممکن　momken　可能な、ありそうな、قبلاً　qablan　以前に）

احتمالاً دخترم از مدرسه آمده باشد.
ehtemālan dokhtaram az madrase āmade bāshad.
たぶん私の娘は学校から帰ってきているでしょう。
　　［احتمالاً　ehtemālan　おそらく、たぶん］

شاید این ساعت خراب شده باشد.
shāyad īn sā'at kharāb shode bāshad.
この時計は壊れて（しまって）いるでしょう。
　　［شاید　shāyad　おそらく、خراب　kharāb　壊れた、故障した］

تا حالا آنها به فرودگاه رسیده باشند.
tā hālā ānhā be forūdgāh resīde bāshand.
今ごろ彼らは空港に着いているでしょう。［فرودگاه　forūdgāh　空港］

فکر می کنم تا اکنون کلاس شروع شده باشد.
fekr mīkonam tā aknūn kelās shorū' shode bāshad.
（私は）今ごろは授業が始まっているだろうと思います。
　　［اکنون　aknūn　今、現在］

第21課　助動詞

　ペルシア語には、動詞とともに用いて「～できる」「～したい」「～すべき」などの意味を加える、助動詞があります。

　ペルシア語の助動詞には、次の2つのタイプがあります。

助動詞Ⅰ：助動詞が人称に応じて変化するタイプ
助動詞Ⅱ：助動詞が人称変化しないタイプ

　いずれのタイプでも、ともに用いられる本動詞は共通して接続法となります。

1　助動詞Ⅰ

　助動詞が人称変化するタイプです。このタイプの助動詞には、توانستن tavānestan「～できる」（現在語幹 توان tavān-、過去語幹 توانست tavānest-）と、خواستن khāstan「～したい」（現在語幹 خواه khāh-、過去語幹 خواست khāst-）があります。本動詞には通常、接続法現在形が用いられ、発話の時制は助動詞によって表します。本動詞を接続法現在形に活用させる際の注意点は、接続法の課で述べた通りです。

1) توانستن tavānestan「～できる」の活用例

- رفتن raftan「行く」：現在語幹 رو rav-

  直説法現在形

	単数		複数	
1	می توانم بروم	mītavānam beravam	می توانیم برویم	mītavānīm beravīm
2	می توانی بروی	mītavānī beravī	می توانید بروید	mītavānīd beravīd
3	می تواند برود	mītavānad beravad	می توانند بروند	mītavānand beravand

［否定形］

単数

1 نمی توانم بروم　nemītavānam beravam
2 نمی توانی بروی　nemītavānī beravī
3 نمی تواند برود　nemītavānad beravad

複数

1 نمی توانیم برویم　nemītavānīm beravīm
2 نمی توانید بروید　nemītavānīd beravīd
3 نمی توانند بروند　nemītavānand beravand

単純過去形

単数

1 توانستم بروم　tavānestam beravam
2 توانستی بروی　tavānestī beravī
3 توانست برود　tavānest beravad

複数

1 توانستیم برویم　tavānestīm beravīm
2 توانستید بروید　tavānestīd beravīd
3 توانستند بروند　tavānestand beravand

［否定形］

単数

1 نتوانستم بروم　natavānestam beravam
2 نتوانستی بروی　natavānestī beravī
3 نتوانست برود　natavānest beravad

複数

1 نتوانستیم برویم　natavānestīm beravīm
2 نتوانستید بروید　natavānestīd beravīd
3 نتوانستند بروند　natavānestand beravand

上の活用表では、توانستنと本動詞の活用形を並べて表記してありますが、実際に文中で用いられる際は、本動詞の目的語や、時に副詞句や前置詞句などもتوانستنと本動詞の間にはさみ込まれるのが一般的です。

می توانم به شما کمک کنم.
mītavānam be shomā komak konam.
（私は）あなたを手伝うことができます。

می توانید این کتاب را بخوانید؟
mītavānīd īn ketāb rā bekhānīd?
（あなたは）この本を読むことができますか。

ما نمی توانیم بدون آب اینجا زندگی کنیم.
mā nemītavānīm bedūn-e āb īnjā zendegī konīm.
私たちは水がなくてはここで生きていくことはできません。

خیابانها خیلی شلوغ بود و نتوانستم سر وقت به ترمینال اتوبوس برسم.
khiyābānhā kheylī sholūq būd-o natavānestam sar-e vaqt be termīnāl-e otobūs beresam.
道がとても混んでいたので、（私は）時間通りにバスターミナルに着くことができませんでした。

［خیابان khiyābān　道、道路、شلوغ sholūq　混雑した、سروقت sar-e vaqt　時間通りに、ترمینال termīnāl　ターミナル］

او نتوانست این راز را توی دلش نگه دارد.
ū natavānest īn rāz rā tū-ye delash negah dārad.
彼女はこの秘密を心の内にとどめておくことができませんでした。［راز rāz　秘密］

توانستنの未完了過去形は、「～できた（のにしなかった）」の意味となります。

می توانستم بیایم.
mītavānestam biyāyam.
私は来ることができたのですが（来ませんでした）。

این کار تا دیروز می توانست تمام بشود.

īn kār tā dīrūz mītavānest tamām beshavad.

この仕事は昨日までに終えられたはずです（が、終わりませんでした）。

2) خواستن khāstan「〜したい」の活用例

- خواندن khāndan「読む」：現在語幹 –خوان khān-

    直説法現在形

    単数

    1　می خواهم بخوانم　mīkhāham bekhānam

    2　می خواهی بخوانی　mīkhāhī bekhānī

    3　می خواهد بخواند　mīkhāhad bekhānad

    複数

    1　می خواهیم بخوانیم　mīkhāhīm bekhānīm

    2　می خواهید بخوانید　mīkhāhīd bekhānīd

    3　می خواهند بخوانند　mīkhāhand bekhānand

［否定形］

    単数

    1　نمی خواهم بخوانم　nemīkhāham bekhānam

    2　نمی خواهی بخوانی　nemīkhāhī bekhānī

    3　نمی خواهد بخواند　nemīkhāhad bekhānad

複数

1 نمی خواهیم بخوانیم nemīkhāhīm bekhānīm
2 نمی خواهید بخوانید nemīkhāhīd bekhānīd
3 نمی خواهند بخوانند nemīkhāhand bekhānand

未完了過去形

単数

1 می خواستم بخوانم mīkhāstam bekhānam
2 می خواستی بخوانی mīkhāstī bekhānī
3 می خواست بخواند mīkhāst bekhānad

複数

1 می خواستیم بخوانیم mīkhāstīm bekhānīm
2 می خواستید بخوانید mīkhāstīd bekhānīd
3 می خواستند بخوانند mīkhāstand bekhānand

توانستن の場合と同様に、文中では、خواستن の活用形と本動詞との間に目的語や副詞句をはさみ込んで使うのが一般的です。

می خواهم با هم به تبریز بروم.
mīkhāham bāham be tabrīz beravam.
（私は）一緒にタブリーズに行きたいです。

بچه‌ها می خواهند در خانه باشند.
bachchehā mīkhāhand dar khāne bāshand.
子供たちは家にいたがっています。

کدامیک را می خواهید بخرید؟
kodāmyek rā mīkhāhīd bekharīd?
（あなたは）どれを買いたいですか。

می خواهیم در باره ی آداب و رسوم ایران صحبت کنیم.
mīkhāhīm dar bāre-ye ādāb-o rosūm-e īrān sohbat konīm.
（私たちは）イランの慣習について話をしたいです：話そうと思います。
［در باره　dar bāre(-ye)　〜について、آداب و رسوم　ādāb-o rosūm　習慣、慣習］

　خواستنは、単純過去形で用いられた場合は、「〜しようとした」などの、動作が起きた時点を点として述べることになります。また未完了過去形で用いられたときは、「〜しようと思っていた、〜したかった」のような、やや長い期間にわたる動作・状態や、「〜したかったのですが」といった、話し手の遠慮を含んだ婉曲的なニュアンスを表すことがあります。

او خواست زود بیدار شود.
ū khāst zūd bīdār shavad.
彼女は早く起きようとしました。［بیدار شدن　bīdār shodan　目覚める、起きる］

وقتیکه خواستم راه بیفتم، او زنگ زد.
vaqtīke khāstam rāh biyoftam, ū zang zad.
（私が）出かけようとした時に、彼女が電話をかけてきました。
［زنگ زدن　zang zadan　電話する］

تا خواست کلید برق را بزند، صدائی شنید.
tā khāst kelīd-e barq rā bezanad, sedā'ī shenīd.
（彼が）電気のスイッチを点けようとしたとき、音が聞こえました。
［کلید　kelīd　スイッチ、برق　barq　電気］

می خواستم زودتر بیایم.　mīkhāstam zūdtar biyāyam.
（私は）もう少し早く来ようと思っていました／もう少し早く来ようと思っていたのですが。

از قبل می خواستم این ماشین را بخرم.
az qabl mīkhāstam īn māshīn rā bekharam.
（私は）前からこの車を買おうと思っていたのです。

می خواستم خانم موسوی را ببینم. mīkhāstam khānom-e mūsavī rā bebīnam.
ムーサヴィーさん（女性）にお会いしたいのですが（＝会いたかったのですが）。

「私は彼女に家に来てもらいたい」などのように、خواستنの主語と本動詞の主語が異なる場合は、接続詞کهを用いた名詞節で表すことができます（このکهはしばしば省略されます）。

می خواهم که این نامه را برای من بخوانید.
mīkhāham ke īn nāme rā barāye man bekhānīd.
（私は）あなたにこの手紙を読んでもらいたいです。

なお、توانستنは現在では必ず本動詞を伴い、単独用法はありませんが、خواستنは、「～が欲しい」の意味で本動詞として独立して用いることができます。

2　助動詞Ⅱ

助動詞Ⅱは、助動詞Ⅰとは異なり、人称変化をもちません。つまり、すべての人称に共通して同じ形が用いられます。この形は、化石化した本来の3人称単数形で、現在では副詞化しつつあるということもできます。本動詞は人称に対応して活用します。このタイプの助動詞には、بایستن「～すべき」「～に違いない」、شایستن「おそらく」（本来は「ふさわしい」の意）があります。

1）بایستن bāyestan「～すべき」「～に違いない」の用例

全ての人称・時制に共通して、化石化した3人称単数形باید bāyadを用います。本動詞には通常、接続法現在形、完了した事象に関して述べる場合には接続法完了形が用いられます。

- رفتن raftan「行く」:現在語幹 –رو rav-　過去語幹 –رفت raft-

接続法現在形とともに用いられる場合

	単数		複数	
1	باید بروم	bāyad beravam	باید برویم	bāyad beravīm
2	باید بروی	bāyad beravī	باید بروید	bāyad beravīd
3	باید برود	bāyad beravad	باید بروند	bāyad beravand

［否定形］

	単数		複数	
1	نباید بروم	nabāyad beravam	نباید برویم	nabāyad beravīm
2	نباید بروی	nabāyad beravī	نباید بروید	nabāyad beravīd
3	نباید برود	nabāyad beravad	نباید بروند	nabāyad beravand

接続法完了形とともに用いられる場合

単数

1	باید رفته باشم	bāyad rafte bāsham
2	باید رفته باشی	bāyad rafte bāshī
3	باید رفته باشد	bāyad rafte bāshad

複数

1	باید رفته باشیم	bāyad rafte bāshīm
2	باید رفته باشید	bāyad rafte bāshīd
3	باید رفته باشند	bāyad rafte bāshand

[否定形]

単数

1 نباید رفته باشم nabāyad rafte bāsham

2 نباید رفته باشی nabāyad rafte bāshī

3 نباید رفته باشد nabāyad rafte bāshad

複数

1 نباید رفته باشیم nabāyad rafte bāshīm

2 نباید رفته باشید nabāyad rafte bāshīd

3 نباید رفته باشند nabāyad rafte bāshand

بایستنの現在時制には、باید以外に、本来は過去時制を表すبایست, بایستیが聞かれることもありますが、まずは基本形となるباید+接続法の組み合わせをしっかりと練習するようにしましょう。

بچه ها باید تا ظهر برسند.
bachchehā bāyad tā zohr beresand.
子供たちは正午までに着くはずです。［ظهر zohr 正午］

اینجا نباید حرف بزنید.
īnjā nabāyad harf bezanīd.
ここでは話をしてはいけません。

نباید این را به او نشان بدهید.
nabāyad īn rā be ū neshān bedahīd.
これを彼女に見せるべきではありません。［نشان دادن neshān dādan 見せる、示す］

باید هر چه زودتر حرکت کنیم.
bāyad har che zūdtar harakat konīm.

（私たちは）なるべく早く出発しなくてはなりません。
［حرکت کردن　harakat kardan　出発する］

باید مواظبِ خودتان باشید.
bāyad movāzeb-e khodetān bāshīd.
（あなたは）あなた自身のことに注意しなくてはいけません。
［مواظب　movāzeb　注意深い］

بایستنが接続法完了形とともに用いられた場合には、ある一定の時点までにある動作・状態が「完了したに違いない、完了したはずだ」の意味となります。これは未来・過去どちらに対しても用いることができます。

باید رفته باشد.　bāyad rafte bāshad.　（彼は）行ってしまったに違いありません。

این کار باید فردا تا ساعت پنج تمام شده باشد.
īn kār bāyad fardā tā sā'at-e panj tamām shode bāshad.
この仕事は明日5時までには終わっているはずです。
［تمام شدن　tamām shodan　終わる］

＊「〜すべきだった」と「〜すべきだったのに」
　بایستنはかつて、現在時制「〜すべきだ」にはباید、過去時制「〜すべきだった」には本来は過去形のبایستと、使い分けがなされていました。しかしながら、特に口語文を中心とした現在の用法では、بایدとبایستはいずれも時制に関わる機能を失い、単に義務を表す副詞のように用いられつつあります。
　現在では、「〜すべきだった」という過去時制は、باید＋未完了過去形で表すのが主流です。この文は、日本語の「〜すべきだった」と同様に、

①過去の義務「〜しなくてはならなかった（ので〜した）」
②事実と反対の事象「〜すべきであった（のにしなかった）」

の両方の意味を表します。

　たとえば、باید می رفتم.　bāyad mīraftamという文は、

① 「私は行くべきであった（ので行った）」
② 「私は行くべきであった（のに行かなかった）」

の2つの意味を表します。①、②のどちらで用いられているかは、前後関係から判断します。混乱を避けたい場合は、①の過去の義務を مجبور majbūr「余儀なくされる」などを使った別の表現で言い換えることもあります。

بايد كار مى كردم. bāyad kār mīkardam　（私は）働くべきでした。

تا حالا بايد مى رسيدند.
tā hālā bāyad mīresīdand.
（彼らは）今頃は着いていたはずでした（実際は着かなかった）。

چرا بهش گفتيد؟ او خيلى آشفته شد.
cherā behesh goftīd? ū kheylī āshofte shod.

چون بايد مى گفتم. (= چون مجبور بودم بگويم.)
chūn bāyad mīgoftam. (= chūn majbūr būdam begūyam.)
「（あなたは）どうして彼女に言ったの？　彼女はかなり動揺しましたよ。」
「だって（私は）言わなくてはならなかったのです。」
［بهش = به او be 'ū,　آشفته āshofte　動揺した］

بايد به شما زودتر مى گفتم.
bāyad be shomā zūdtar mīgoftam.
（私は）もっと早くあなたに言うべきでした（実際は言わなかった）。

2）شايستن「～だろう」の用例

本来はشايستن「ふさわしい」という動詞です。しかし現在では、شايستنは本動詞として用いられることはなく、もっぱら3人称単数形が固定化した形 شايد shāyad（ストレスはshā-）が、「おそらく（～だろう）」の意味で、副詞のように使用されるのが普通です。شايستن自体が過去形になることもありません。本動詞には、接続法現在形や接続法完了形がともに用いられます。

- رفتن 「行く」

	単数		複数	
1	شاید بروم	shāyad beravam	شاید برویم	shāyad beravīm
2	شاید بروی	shāyad beravī	شاید بروید	shāyad beravīd
3	شاید برود	shāyad beravad	شاید بروند	shāyad beravand

شاید は他の助動詞とは異なり、それ自体は否定形になりません。このため、「おそらく～でないだろう」という否定を表したい場合には、本動詞を否定形にする必要があります。

	単数		複数	
1	شاید نروم	shāyad naravam	شاید نرویم	shāyad naravīm
2	شاید نروی	shāyad naravī	شاید نروید	shāyad naravīd
3	شاید نرود	shāyad naravad	شاید نروند	shāyad naravand

شاید پدر من اینجا باشد.　shāyad pedar-e man īnjā bāshad.
おそらく私の父はここにいるでしょう。

شاید باور نکنی.　shāyad bāvar nakonī.
たぶん（君は）信じないでしょう。［باور کردن　bāvar kardan　信じる］

شاید امروز احمد به خانه ی ما بیاید.
shāyad emrūz ahmad be khāne-ye mā biyāyad.
たぶん今日アフマド（男性）が私たちの家に来るでしょう。

شاید بتوانم شکارش کنم.　shāyad betavānam shekārash konam.
（私は）たぶんそれを捕まえることができるでしょう。
［شکار کردن　shekār kardan　狩猟する、狩る］

第21課　助動詞　169

このように、شاید は、他の助動詞に比べて、きわめて副詞的な性格を強くもっています。このため、本動詞には現在形が用いられることがしばしばあります。

شاید فردا می روم.　shāyad fardā mīravam.（私は）たぶん明日行きます。

完了したかどうかが不明な事象について述べる場合には、接続法完了形を伴います。

شاید این طور گفته باشم، اما درست به خاطر ندارم.
shāyad īn towr gofte bāsham, ammā dorost be khāter nadāram.
（私は）そう言ったかもしれませんが、よく憶えていません。
［به خاطر داشتن　be khāter dāshtan　憶えている］

شاید が未完了過去形とともに用いられた場合には、「（実際には起こらなかったが）おそらく〜となっていただろう」という、現実と反対の事象（反実仮想）を表します。

اگر این را می خوردم، شاید من هم مریض می شدم.
agar īn rā mīkhordam, shāyad man ham marīz mīshodam.
もし（私は）これを食べていたら、おそらく私も具合が悪くなっていたでしょう。
［مریض　marīz　病気の］

第22課　受動表現・使役表現

1　受動表現の作り方

受動表現は、過去分詞とشدنの活用形から作られ、時制はشدنの活用形で表します。ストレスは過去分詞（否定形では否定辞）に置かれます。

- دیدن「見る」

    直説法現在形
    　　単数　　　　　　　　　　　　　　　　　複数

    1　دیده می شوم　dīdé mīshavam　　　دیده می شویم　dīdé mīshavīm

    2　دیده می شوی　dīdé mīshavī　　　　دیده می شوید　dīdé mīshavīd

    3　دیده می شود　dīdé mīshavad　　　دیده می شوند　dīdé mīshavand

    ［否定形］

    1　دیده نمی شوم　dīde némīshavam　　دیده نمی شویم　dīde némīshavīm

    2　دیده نمی شوی　dīde némīshavī　　　دیده نمی شوید　dīde némīshavīd

    3　دیده نمی شود　dīde némīshavad　　دیده نمی شوند　dīde némīshavand

    過去形

    1　دیده شدم　dīdé shodam　　　　　دیده شدیم　dīdé shodīm

    2　دیده شدی　dīdé shodī　　　　　　دیده شدید　dīdé shodīd

    3　دیده شد　dīdé shod　　　　　　　دیده شدند　dīdé shodand

    ［否定形］

    1　دیده نشدم　dīde náshodam　　　　دیده نشدیم　dīde náshodīm

    2　دیده نشدی　dīde náshodī　　　　　دیده نشدید　dīde náshodīd

    3　دیده نشد　dīde náshod　　　　　　دیده نشدند　dīde náshodand

接続法現在形

1	ديده بشوم	dīde béshavam	ديده بشويم	dīde béshavīm
2	ديده بشوى	dīde béshavī	ديده بشويد	dīde béshavīd
3	ديده بشود	dīde béshavad	ديده بشوند	dīde béshavand

＊接頭辞 بـ be- は、しばしば語調を整えるために省略されることがあります。

［否定形］

1	ديده نشوم	dīde náshavam	ديده نشويم	dīde náshavīm
2	ديده نشوى	dīde náshavī	ديده نشويد	dīde náshavīd
3	ديده نشود	dīde náshavad	ديده نشوند	dīde náshavand

現在完了形

1	ديده شده ام	dīde shodé'am	ديده شده ايم	dīde shodé'īm
2	ديده شده اى	dīde shodé'ī	ديده شده ايد	dīde shodé'īd
3	ديده شده است	dīde shodé'ast	ديده شده اند	dīde shodé'and

［否定形］

1	ديده نشده ام	dīde náshode'am	ديده نشده ايم	dīde náshode'īm
2	ديده نشده اى	dīde náshode'ī	ديده نشده ايد	dīde náshode'īd
3	ديده نشده است	dīde náshode'ast	ديده نشده اند	dīde náshode'and

これ以外の活用形については、以下に ديدن の例を3人称単数形肯定形のみあげておきます。

未完了過去形	ديده مى شد	dīde mīshod
未来形	ديده خواهد شد	dīde khāhad shod
過去完了形	ديده شده بود	dīde shode būd
接続法完了形	ديده شده باشد	dīde shode bāshad

2　受動表現の用法

　ペルシア語では、受動表現は、動作主が明示されない場合に限って使うことができます。つまり、「彼は私を叱った」→「私は彼に叱られた」といった、被動作主を文法上の主語とする受身文への変形はできません。この場合は、動作主（「彼」）を文法上の主語に置いた能動態（「彼は私を叱った」）で表すことになります。

　以下に受動表現が使用可能な例をあげておきます。

کیفم دزدیده شد.
kīfam dozdīde shod.
財布を盗まれました（＝私の財布が盗まれた）。［دزدیدن　dozdīdan　盗む］

トピックを表すために、من を前に置くことも可能です。

من کیفم دزدیده شد.　man kīfam dozdīde shod.　私は財布を盗まれました。

دریاچه ی نمک دیده شد.
daryāche-ye namak dīde shod.
塩湖が見えました。［دریاچه　daryāche　湖、نمک　namak　塩］

صدایی از پشت کوه شنیده شد.
sedāyī az posht-e kūh shenīde shod.
ある音が山の向こうから聞こえてきました。
［پشت　posht　後ろ、شنیدن　shenīdan　聞く］

کدام صدا ها در خط فارسی دیده نمی شود؟
kodām sedāhā dar khatt-e fārsī dīde nemīshavad?
どの音（複数）がペルシア文字では（書き）表わされませんか。
［صدا　sedā　音、خط　khatt　文字］

این بسته باید با پست هوایی فرستاده شود.
īn baste bāyad bā post-e havāyī ferestāde shavad.
この小包は航空便で送られなければなりません。
［بسته　baste　小包、پست هوایی　post-e havāyī　航空便］

در آنجا، در میان باغ بزرگ مجسمه ی فردوسی گذاشته شده است.
dar ānjā, dar miyān-e bāq-e bozorg mojassame-ye ferdowsī gozāshte shode'ast.
そこには、大きな庭園の中央にフェルドゥスィー（詩人の名前）の像が置かれています。[مجسمه　mojassame　像、彫像]

書き言葉では、شدنの代わりにگشتنgashtanやگردیدنgardīdanなどの動詞が用いられることがあります。

動作主を特に際立たせたい場合は、...به دستِ be dast-e...「...の手で、...によって」や...(به)توسطِ (be)tavassot-e...，از طرفِ aztaraf-e...「...によって、...の側から」などによって示し、受動構文を使うことが可能です。ただし、これは動作主に焦点をあてて目立たせる時のみにみられる用法です。

می گویند که تاج محل به دست ایرانیان ساخته شد.
mīgūyand ke tāj mahal be dast-e īrāniyān sākhte shod.
タージマハルはイラン人によって作られたと言われています。
[تاج محل　tāj mahal　タージマハル]

動作主が一般的な場合など、明らかにする必要のない際は、しばしば能動態の3人称複数形が用いられます。この種の文は受動態のように訳しても差し支えありません。

کیفم را دزدیدند.
kīfam rā dozdīdand.　私は財布を盗まれました（＝私の財布が盗まれました）。

複合動詞は、受動表現ではなく、3人称複数形か、一部の複合動詞ではکردن「～する」、دادن「与える」などの他動詞部分をشدن「～になる」などの自動詞に代え、目的語を主語に置いて表すのが普通です。

این گلاب را در قمصر درست می کنند. īn golāb rā dar qamsar dorost mīkonand.
このバラ水はガムサル（地名）で作られています。
[گلاب　golāb　バラ水、درست کردن　dorost kardan　作る]

نام او فراموش شد. / نام او را فراموش کردند.
nām-e ūrā farāmūsh kardand.　　nām-e ū farāmūsh shod.
彼の名は忘れられました。

＊上の文では、فراموش کردن「忘れる」の 3 人称複数形、または、کردن「～する」
をشد「～になる」に代えた形で受動の意味が表されています。

被害や損害を表す場合は、خوردن khordan「～を食らう」などの動詞で置き
換えられることがあります。

من گول خوردم.　man gūl khordam.　私はだまされました。
[گول خوردن　だまされる、cf. گول زدن　gūl zadan　（～を）だます]

آنها شکست خوردند.　ānhā shekast khordand.　彼らは敗北を喫しました。
[شکست خوردن　shekast khordan　負ける、cf. شکست دادن　shekast dādan　負かす]

3　使役表現

ペルシア語の使役表現は、使役動詞と使役構文の 2 通りで表すことができ
ます。

使役動詞「～させる」は、動詞の現在語幹にان‐ ānを付加することで表
されます。これらの使役動詞の不定詞は、使役の現在語幹にدن‐ -danあるい
はیدن‐ -īdanの語尾を加えて作ります。このため、しばしば 2 種類の不定詞を
もつ使役動詞がみられ、この種の使役動詞は過去語幹も 2 種類もつことにな
ります。

現在語幹	使役現在語幹	不定詞		過去語幹	
食べる	食べさせる				
خور‐	خوران‐	خورانیدن / خوراندن		خوراند‐ / خورانید‐	
khor-	khorān-	khorāndan	khorānīdan	khorānd-	khorānīd-
着る	着させる				
پوش‐	پوشان‐	پوشانیدن / پوشاندن		پوشاند‐ / پوشانید‐	
pūsh-	pūshān-	pūshāndan	pūshānīdan	pūshānd-	pūshānīd-

眠る	眠らせる				
خواب-	خوابان-	خواباندن /خوابانیدن	خواباند- /خوابانید-		
khāb-	khābān-	khābāndan khābānīdan	khābānd- khābānīd-		

نگران نباشید، شما را به خانه تان می رسانم.

negarān nabāshīd, shomā rā be khānetān mīresānam.

心配しないで、あなたを家まで送りとどける（＝着かせる）から。

［نگران negarān 心配した］

مادر بچه ها را سر ساعت خواباند.

mādar bachchehā rā sar-e sā'at khābānīd.

母親は子供たちを時間通りに寝かせました。

使役動詞は、全ての動詞について作ることができるわけではありません。このため、以下のような、使役に類似した表現が用いられることもあります。

این را بدهید آن شخص ببرد.

īn rā bedahīd ān shakhs bebarad.

これをあの人に持っていかせなさい（＝これをあの人が持っていくように渡しなさい）。

「○○に〜することを許可する、○○に〜させてやる」は、گذاشتن＋接続法現在形で表します。文自体の時制はگذاشتنの活用形が表します。

بگذارید این کار را انجام بدهم.

begozārīd īn kār rā anjām bedaham.

（私に）この仕事をさせてください。

پدرم نگذاشت به سفر بروم.

pedaram nagozāsht be safar beravam.

私の父は（私を）旅行に行かせませんでした。

بگذار به خانه ی دخترم بروم، چلو بخورم، پلو بخورم و چاق شوم، آنوقت مرا بخور.

begozār be khāne-ye dokhtaram beravam, chelow bokhoram, polow bokhoram-o chāq shavam, ānvaqt marā bokhor.

（私を）娘の家に行かせておくれ、チェロウを食べて、ポロウを食べて、太らせておくれ、それから私をお食べ。

［چلو chelow ご飯、チェロウ、پلو polow 炊き込みご飯、ポロウ、چاق chāq 太った、آنوقت ānvaqt それから、その時］

第23課　関係詞

1　関係詞 که ke

مردی که آنجا با پدرتان صحبت می کند برادر من است.

mardī ke ānjā bā pedaretān sohbat mīkonad barādar-e man ast.
あそこであなたのお父さんと話している男性は、私の兄です。

　ペルシア語では、関係詞節はکهによって導かれ、先行詞の後に置かれます。上の関係詞文では、関係詞節「あなたのお父さんと話している」はکهによって先行詞مرد「男性」と連結されています。この際、先行詞である名詞には、関係詞節による修飾を受けることを示すために、「無強勢の-ī」が必要となります（مردی که）。

　ペルシア語の関係詞کهには、代名詞としての機能はありません。このため、英語などの関係代名詞文のように、که節内は不完全文にはなりません。また先行詞が指示代名詞としてکه 節内で受け直されることもあります。このような、代名詞の機能をもたない関係詞であるکه節を訳す際は、関係詞節から先に訳すよりも、کهを先行詞に後から説明を加えていくための橋渡しと捉えて、なるべく前から訳す方がよい場合がしばしばあります。

　先行詞の語末音による、ی-をつける際の注意点については、「無強勢の-ī」の項で説明した通りです。

　先行詞の名詞が形容詞などで修飾されている場合は、ی-は修飾語句の最後につけます。

دختر کوچکی که ...　dokhtar-e kūchekī ke ...

　以下の場合には、通常は先行詞に付加される「無強勢の-ī」が省略されます。

- 先行詞に指示代名詞や人称代名詞接尾辞形がつく場合
- 先行詞が固有名詞や人称代名詞である場合

ただし、先行詞が固有名詞であっても、属性の一部を表すような場合には、「無強勢の -ī」が接続することがあります。

حسنى که حرفهای بد می زند دوست ندارم.
hasanī ke harfhā-ye bad mīzanad dūst nadāram.
（私はハサンは好きだが）口の悪いハサンは嫌いです。

ایرانی که شناخته ام　īrānī ke shenākhte'am　私が知っているイラン

2　関係詞文の用法
1) 先行詞が関係詞節の主格になる場合

دوستم که درکرمانشاه زندگی می کند هفته ی دیگر به خانه ی من می آید.
dūstam ke dar kermānshāh zendegī mīkonad hafte-ye dīgar be khāne-ye man miyāyad.
ケルマーンシャーに住んでいる私の友達が、来週私の家に来ます。

دانشجویی که اینجا نشسته بودند کجا رفتند؟
dānesjūhāyī ke īnjā neshaste būdand kojā raftand?
ここに座っていた大学生たちはどこに行きましたか。

دختری که آنجا بازی می کند خواهر مریم است.
dokhtarī ke ānjā bāzī mīkonad khāhar-e maryam ast.
あそこで遊んでいる少女はマルヤムの妹です。

رودهایی کـه باغها و کشتزارهـای آذربایجان را آبیاری مـی کنند بعضی به دریای خزر و بعضی به دریاچه ی ارومیه می ریزند.
rūdhāyī ke bāqhā-o keshtzārhā-ye āzarbāyjān rā ābyārī mīkonand ba'zī be daryā-ye khazar va ba'zī be daryāche-ye orūmīye mīrīzand.
アーゼルバイジャーン（地方）の果樹園や畑を灌漑している川は、一部はカスピ海に、一部はウルミエ湖に流れ込んでいます。

［رود rūd 川、کشتزار keshtzār 畑、آبیاری کردن ābyārī kardan 灌漑する、بعضی ba'zī 一部、دریای خزر daryā-ye khazar カスピ海、دریاچه ی ارومیه daryāche-ye orūmīye ウルミエ湖、ریختن rīkhtan 注ぐ］

第23課　関係詞　179

2) 先行詞が関係詞節の所有格になる場合

که 節内の先行詞が関連する語に、先行詞に対応する人称代名詞をつけて示します。

مردی که قدش بلند است پدر بزرگ من است.

mardī ke qaddesh boland ast pedar bozorg-e man ast.

（その）背が高い男性は私の祖父です。［قد qad(d) 背丈、身長］

زنی که دیروز پسرش را دیدیم به خانه تان آمده است.

zanī ke dīrūz pesarash rā dīdīm be khānetān āmade'ast.

（私たちが）昨日（その）息子に会った女性があなたの家に来ていますよ。

حسن که پدرش نویسنده ی معروفی است همکلاس من است.

hasan ke pedarash nevīsande-ye ma'rūfī ast hamkelās-e man ast.

父親が著名な作家であるハサンは、私の同級生です。

［نویسنده nevīsande 作家、معروف ma'rūf 有名な、著名な、همکلاس hamkelās 同級生］

3) 先行詞が関係詞節あるいは主文の目的語になる場合

直接目的語を示す後置詞راがکهの前に出ます。ただし、このراは特に口語ではしばしば省略されることがあります。またこのタイプの関係詞文では、先行詞がکه節内の指示代名詞によってもう一度受け直されることもあります。

کتابی را که دیروز (آن را) به من نشان دادید کجا خریدید؟

ketābī rā ke dīrūz (ān rā) be man neshān dādīd kojā kharīdīd?

（あなたは）昨日私に見せた本をどこで買いましたか。

آجیلی را که خواسته بودید دیروز فرستادم.

ājīlī rā ke khāste būdīd dīrūz ferestādam.

あなたが欲しがっていた乾果を（私は）昨日送りました。

［آجیل ājīl 乾果、ドライフルーツ、ドライナッツ］

کتاب قشنگی را که روی میز بود به شهناز قرض دادم.

ketāb-e qashangī rā ke rū-ye mīz būd be shahnāz qarz dādam.
（私は）テーブルの上にあったきれいな本をシャフナーズ（女性）に貸しました。
［قرض دادن　qarz dādan　貸す］

بسته ای را که فرستادید هنوز نرسیده است.
baste'ī rā ke ferestādīd hanūz naresīde'ast.
（あなたが）送った小包は、まだ届いていません。

کامپیوتری را که به من فروخت خراب شد.
kāmpyūterī rā ke be man forūkht kharāb shod.
（彼が）私に売ったコンピュータが壊れてしまいました。
［خراب　kharāb　壊れた、故障した］

پیراهنی را که به او هدیه کردید بهش خیلی خوب می آید.
pīrāhanī rā ke be ū hedīye kardīd behesh kheylī khūb miyāyad.
（あなたが）彼に贈ったシャツは彼にとてもよく似合います。
［پیراهن　pīrāhan　シャツ、هدیه کردن　hedīye kardan　贈る、プレゼントする、به ... آمدن　be ... āmadan　…に似合う］

سفرنامه هایی که نویسندگان بزرگ نوشته اند نکته هایی از روح پنهان کشورها و ملت ها را بر ما آشکار می کنند.
safarnāmehāyī ke nevīsandegān-e bozorg neveshte'and noktehāyī az rūh-e penhān-e keshvarhā-o mellathā rā bar mā āsh(e)kār mīkonand.
偉大な作家たちが著した旅行記は、国々や諸民族の隠れた精神についてさまざまな事柄を私たちに明らかにしてくれます。
［سفرنامه　safarnāme　旅行記、نکته　nokte　点、روح　rūh　精神、魂、پنهان　penhān　隠れた、秘めた、ملت　mellat　国家、آشکار　āsh(e)kār　明らかな］

4）関係副詞的用法および前置詞の目的語となる場合
　この種の関係詞文では、که節内で、指示代名詞または人称代名詞接尾辞形と前置詞によって、先行詞を受け直す必要があります。ペルシア語では関係副詞も同様にکه節によって表わされます。

خانه ای که در آن اقامت می کنیم دو اطاق دارد.
khāne'ī ke dar ān eqāmat mīkonīm do otāq dārad.
(私たちが) 滞在している家は2部屋あります。
［اقامت کردن　eqāmat kardan　滞在する］

دوربینی که با آن عکس می گرفتید چند است؟
dūrbīnī ke bā ān 'aks mīgereftīd chand ast?
(あなたが) 写真を撮っていたカメラはいくらですか。
［دوربین　dūrbīn　カメラ、عکس گرفتن　'aks gereftan　写真を撮る］

دختری که بهش شیرینی دادید خواهر افسانه است.
dokhtarī ke behesh shīrīnī dādīd khāhar-e afsāne ast.
(あなたが) お菓子をあげた女の子は、アフサーネ（女性）の妹です。
［شیرینی　shīrīnī　菓子］

مجله ای که در باره اش صحبت می کردم اینجاست.
majalle'ī ke dar bāre'ash sohbat mīkardam īnjāst.
(私が) 話していた雑誌はここにあります。
［مجله　majalle　雑誌、در باره　dar bāre (-ye)　〜について］

از موی بز سیاه چادر می بافند که باران از آن به درون نفوذ نمی کند.
az mū-ye boz siyāh chādor mībāfand ke bārān az ān be darūn nofūz nemīkonad.
(彼らは) ヤギの毛から、雨が降りこまない（ような）黒テントを織ります。
［سیاه چادر　siyāh chādor　（遊牧に使用する）黒テント、بافتن　bāftan　織る、باران　bārān　雨、درون　darūn　内部、نفوذ کردن　nofūz kardan　影響する］

　主文の述部が短い場合、語調を整えるために、述部が که 節の前に出ることがあります。この場合、先行詞と که 節は離れることになります。

آنها توی خانه ای زندگی می کردند که هفت تا در داشت.
ānhā tū-ye khāne'ī zendegī mīkardand ke haft tā dar dāsht.
彼らはドアが7つある家に住んでいました。

دنبال میوه ای می گردم که تازه ی تازه باشد.
donbāl-e mīve'ī mīgardam ke tāze-ye tāze bāshad.
（私は）とびきり新鮮な果物を探しています。

یک مرد وارد مغازه شد که من او را نمی شناختم.
yek mard vāred-e maqāze shod ke man ū rā nemīshenākhtam.
ある男が店に入ってきましたが、私は彼を知りませんでした。
［وارد شدن　vāred shodan　入る］

تمدن امروز ما حاصل دانش و تجربه ی نسل هایی است که پیش از ما زیسته اند.
tamaddon-e emrūz-e mā hāsel-e dānesh-o tajrobe-ye naslhāyī ast ke pīsh az mā zīste'and.
私たちの今日の文明は、私たちの以前に生きてきた世代の知恵と経験の賜です。
［تمدن　tamaddon　文明、حاصل　hāsel　収穫、結果、成果、دانش　dānesh　知恵、知識、تجربه　tajrobe　経験、نسل　nasl　世代、زیستن　zīstan　生きる］

فردوسی از بزرگترین شاعران ایران است که در حدود هزار سال پیش می زیسته است.
ferdowsī az bozorgtarīn shā'erān-e īrān ast ke dar hodūd-e hezār sāl-e pīsh mīzīste'ast.
フェルドゥスィーは約1000年前に生きていた、イランの最も偉大な詩人（の一人）です。［شاعر　shā'er　詩人、... در حدود　dar hodūd-e ...　約...］

3　その他の関係詞

ペルシア語では、不定代名詞や指示代名詞などが組み合わさった関係詞もしばしば用いられます。代表的なものを以下にあげておきます。

- آنچه (که)　ānche (ke)「〜のこと」
  آنچهに後置詞راが続く場合には、通常はآنچه راکهの形になります。

آنچه را که بهتان گفتم فراموش نکنید.
ānche rā ke behetān goftam farāmūsh nakonīd.
（私が）あなたに言ったことを忘れないでください。

- آنکه　ānke「〜の者」

آنکه فرمان را بخواند کیست？　ānke farmān rā bekhānad kīst?

「命令書を読む者は誰か」＝物事を無視して実行しないこと（諺）

- هر چه har che「～するものは何でも」

  در باره‌ی شاهنامه هر چه می دانید بنویسید.
  dar bāre-ye shāhnāme har che mīdānīd benevīsīd.
  『シャーナーメ（王書）』について、（あなたが）知っていることをすべて書きなさい。

  هر چه گم کرده بودم پیدا کردم. har che gom karde būdam peydā kardam.
  （私は）なくしていた物はすべて見つけました。
  [گم کردن gom kardan　なくす、پیدا کردن peydā kardan　見つける]

  هر چه باشد، من حاضرم.
  har che bāshad, man hāzeram.
  どんなことがあろうとも、私は準備ができています。[حاضر hāzer　準備のできた]

  هر چه (که) شما بیاورید، راضی هستم.
  har che (ke) shomā biyāvarīd, rāzī hastam.
  あなたが持ってきてくれる物はなんでも、私は満足です。[راضی rāzī　満足した]
  ＊「～は何でも」は هر چیزی که, هر کدام などで書き換えることも可能です。

- هر که har ke/هر آنکه har ānke/هر کس که har kas ke/هر کسی که har kasī ke
  「～はだれでも」

  هر کس که زودتر به قله برسد برنده است.
  har kas ke zūdtar be qolle beresad barande ast.
  先に頂上に着いた人が（だれでも）勝ちです。
  [قله qolle　頂上、برنده barande　勝者]

  هر کس که بیماری سختی داشت پیش او می رفت.
  har kas ke bīmārī-ye sakhtī dāsht pīsh-e ū mīraft.
  難病を患っている人はだれでも彼の許をたずねていました。
  [بیماری bīmārī　病気、سخت sakht　困難な、厳しい、… پیش pīsh-e …　…のもとに]

هر کسی را که دیدید اینجا بنویسید.
har kasī rā ke dīdīd īnjā benevīsīd.
（あなたが）見た人をすべてここに書きなさい。

هر که بیاید نمی خواهم او را ببینم.
har ke biyāyad nemīkhāham ū rā bebīnam.
だれが来ようとも、（私は）会いたくありません。

هر که در پی کلاغ رود، خرابه منزل کند.
har ke dar pey-e kalāq ravad, kharābe manzel konad.
「カラスを追う者は廃墟を居とする」＝不正を行なうものはやがて滅びる（諺）
［پی pey 〜を追う、کلاغ kalāq カラス、خرابه kharābe 廃墟］
＊諺や格言などでは、動詞活用形の接頭辞が省略された古典用法がときどき見られます。

هر که دانا بود، توانا بود.
har ke dānā bovad, tavānā bovad.
「智は力なり」＝叡智をもつ者はみな力強い
＊『王書』の有名な詩の一節を元にした格言。بودの読み方は、古典ペルシア語の発音が保たれたものです。

• هر جا (که) har jā (ke) / هر کجا (که) har kojā (ke) 　「〜はどこでも」「どこで〜しても」

هر جا که بروی، آسمان همین رنگ است.
har jā ke beravī, āsemān hamīn rang ast.
「どこへ行っても、空はこんな色」＝どこへ行っても運命は変えられない（諺）
［آسمان āsemān 空］

هر جا که بروم، بدون تو به من خوش نخواهد گذشت.
har jā ke beravam, bedūn-e to be man khosh nakhāhad gozasht.
どこに行っても、君がいなくては（私は）楽しくないでしょう。

第23課　関係詞

هر جا که کتاب تازه ای می دید، آن را می خرید و با دقت می خواند.
har jā ke ketāb-e tāze'ī mīdīd, ān rā mīkharīd-o bā deqqat mīkhānd.
(彼は)どこで新しい本を目にしても、それを買って注意深く読むのでした。
［تازه　tāze　新しい、دقت　deqqat　注意］

- هر گاه (که) har gāh (ke) / هر وقت (که) har vaqt (ke) / هروقتی که har vaqtī ke
「～はいつでも」

او هر وقت که دوستش را می دید ازش دعوت می کرد تا با هم گفتگو کنند.
ū har vaqt ke dūstash rā mīdīd azash da'vat mīkard tā bā ham gofto(e)gū konand.
彼は友達を見るといつも、話をしようと招いていました。
［از ... دعوت کردن　az ... da'vat kardan　…を招待する、گفتگو کردن　goftogu kardan/ goftegu kardan　話をする、会話する］

کوچ نشینان هر گاه که رودخانه پرعمق باشد ناچار شناکنان از آن عبور می کردند.
kūch neshīnān har gāh ke rūdkhāne por 'omq bāshad nāchār shenā konān az ān 'obūr mīkardand.
遊牧民たちは川が深い時はいつも、やむを得ず泳いで渡らなくてはなりませんでした。
［کوچ نشین　kūch neshīn　遊牧民、رودخانه　rūdkhāne　川、پرعمق　por 'omq　深い、ناچار　nāchār　仕方なく、شنا کردن　shenā kardan　泳ぐ（例文では現在分詞になっています）、از ... عبور کردن　az ... 'obūr kardan　…を渡る］

第24課　接続詞

1　等位接続詞

- و　va/-o「～と、そして」

و は、語と語のように短い単位をつなぐ場合は、原則として-oと前の語に続けて発音し、文と文などの長いものをつなぐ場合には、vaと読まれます。句、節や文を連結する際には、-o/vaのどちらで読むかに明確な決まりはなく、感覚的に区切りが強く感じられる箇所ではva、そうでなければ-oとなります。

زن و مرد　　zan-o mard　　夫婦（＝妻と夫）

پدر و مادر　　pedar-o mādar　　両親

سیاه و سفید　　siyāh-o sefīd　　黒白の

کاغذ و قلم　　kāqaz-o qalam　　紙とペン

گنج و مار و گل و خار و غم و شادی بهمند.
ganj-o mār va gol-o khār va qam-o shādī behamand.
「宝とヘビ、花とトゲ、悲しみと喜びは一緒である」（格言、『薔薇園』より）
［گنج　ganj　宝、مار　mār　ヘビ、خار　khār　トゲ、غم　qam　悲しみ、شادی　shādī　喜び、بهم = به هم　be ham　一緒に、互いに（oとvaの読み方に注意）］

او خودکار را از روی میز برداشت و شروع به نوشتن کرد.
ū khodkār rā az rū-ye mīz bardāsht-o (/va) shorū' be neveshtan kard.
彼女はボールペンを机の上からとり上げ、書き始めました。
［خودکار　khodkār　ボールペン、میز　mīz　机、شروع کردن　shorū' kardan　始める］

امروز باید تا ظهر به ایستگاه بروم و بلیط قطار بخرم.
emrūz bāyad tā zohr be īstgāh beravam-o (/va) belīt-e qatār bekharam.
（私は）今日正午までに駅に行って電車の切符を買わなくてはなりません。
［ظهر　zohr　正午、بلیط　belīt　チケット、切符、قطار　qatār　電車］

- یا yā「〜か、または」
  動詞が重複する場合は、後半が省略されます。

  چای میل دارید، یا قهوه؟
  chāy meyl dārīd, yā qahve?
  お茶がいいですか、それともコーヒー（がいいですか）。
  ［میل داشتن meyl dāshtan 好む、قهوه qahve コーヒー］

  ناهید یا نسترن بیاید.
  nāhīd yā nastaran biyāyad.
  ナーヒード（女性）かナスタラン（女性）のどちらかが来るでしょう。

＊ یا を含む定型表現

  یا نه yā na「〜かどうか」

  وقت دارید یا نه؟
  vaqt dārīd yā na?
  （あなたは）時間がありますか、ありませんか。

  یا ... یا ... yā ... yā ...「...か...かどちらか」

  選択肢となる語句の前に یا を置いて結びます。動詞が重複する場合は、後半が省略されます。

  آشپز که دو تا شود آش یا شور می شود، یا بی نمک.
  āshpaz ke do tā shavad āsh yā shūr mīshavad, yā bīnamak.
  「料理人が2人では、スープは塩辛いか味なしのどちらかだ」＝船頭多くして船山に上る（諺）［آشپز āshpaz 料理人、コック、آش āsh スープ、شور shūr 塩辛い、بی نمک bīnamak 味なし（＝塩味がない）］

  یا بنشین یا برو.
  yā beneshīn yā borow.
  座るか行くか、どちらかにしなさい。

- پس pas「それゆえ、それで」

برادرم نرفت، پس من هم نرفتم.
barādaram naraft, pas man ham naraftam.
私の兄は行きませんでした、それで私も行きませんでした。

پس は副詞「それで、その時、それから」としても用いられます。

- اما ammā / ولی valī / لیکن līkan「しかし」

いずれも逆接となる接続詞です。ストレスはいずれも語頭に置きます。

برق داریم، ولی آب نداریم.
barq dārīm, valī āb nadārīm.
電気はありますが、水がありません。

فردا به دفتر می آیم، اما باید به جلسه بروم.
fardā be daftar miyāyam, ammā bāyad be jalase beravam.
（私は）明日はオフィスに来ますが、会議に行かなくてはなりません。
［جلسه　jalase　会議］

以下のように、複数の語からなる複合接続詞にも、等位接続詞として用いられるものがあります。

- بنابر این banābar īn / به همین خاطر be hamīn khāter（خاطر khāter「考え」）/ از این سبب az īn sabab（سبب sabab「原因、理由、動機」）/ بدین سبب bedīn sabab（بدین = به این）「それゆえ、だから」

می خواستم زودتر به خانه برگردم، بنابر این به خانه ی حسن نرفتم.
mīkhāstam zūdtar be khāne bargardam, banābar īn be khāne-ye hasan naraftam.
（私は）早く家に帰りたかったのです、それでハサンの家には行きませんでした。

- از طرفی ...، از طرف دیگر ...
  az tarafī ..., az taraf-e dīgar「一方では...、他方では...」

- ...بلکه ~ ‑ن (否定形) na- ~ balke ...「~でなく...」

  او کتاب نمی خواند بلکه خوابیده است.
  ū ketāb nemīkhānad balke khābīde'ast.
  彼は本を読んでいるのではなく、眠っています。

- نیز ... بلکه ~ نه تنها na tanhā ~ balke ... nīz「~ばかりでなく...もまた」

  آقای مینائی نه تنها پزشک خوبی است بلکه نویسنده ای مشهور نیز هست.
  āqā-ye mīnā'ī na tanhā pezeshk-e khūbī ast balke nevīsande'ī mashhūr nīz hast.
  ミーナーイー氏（男性）は、よい医者であるだけでなく、著名な作家でもあります。
  ［پزشک pezeshk 医者、مشهور mashhūr 有名な］

- بر عکس bar 'aks「反対に、逆に」

- علاوه بر این 'elāve bar īn「（これに）加えて」

- با وجود این bā vojūd-e īn「（このこと）にもかかわらず」

2　従属接続詞

- که ke

  کهは、文を導き、従属接続詞としてさまざまな意味合いで用いられます。کهは、前課で学んだように関係詞として修飾節を導くほか、名詞節や副詞節にもなります。کهは、ちょっとした説明やニュアンスを付け加えたいところに、後から付箋を貼りつけるような感覚で気軽に用いられることもあり、ペルシア語の中で最も便利に使えると同時に、最もやっかいな語の一つです。
  　接続詞としてのکهの機能は、大まかに以下のタイプに分けられます。なお、کهは、すべての用法に共通して、単独で文頭に立つことはできません（کهを含む複合接続詞は別）。

1）名詞節「～ということ」

　補語や動詞の目的語となる名詞節を導きます。このタイプのکهはしばしば省略されることがあります。

شنیدم که مادرش بیمار است.
shenīdam ke mādarash bīmār ast.
（私は）彼の母親が病気だと聞きました。

به دوستم گفتم که فردا با هم به موزه ی آبگینه برویم.
be dūstam goftam ke fardā bā ham be mūze-ye ābgīne beravīm.
（私は）友人に明日一緒にガラス博物館に行こうと言いました。
［موزه ی آبگینه　mūze-ye ābgīne　ガラス博物館］

می دانستید که او نخواهد آمد؟
mīdānestīd ke ū nakhāhad āmad?
（あなたは）彼が来ないだろうと知っていましたか。

امیدوارم که دو باره شما را ببینم.
omīdvāram ke do bāre shomā rā bebīnam.
（私は）またあなたにお会いできることを願っています。
［امیدوار　omīdvār　希望した、願っている］

فکر نمی کنم که او سر وقت بیاید.
fekr nemīkonam ke ū sar-e vaqt biyāyad.
（私は）彼が時間通りに来るとは思いません。［فکر کردن　fekr kardan　思う］

با او قرار گذاشته ام که امروز ساعت پنج و نیم جلوی این ساختمان دیدار کنم.
bā ū qarār gozāshte'am ke emrūz sā'at-e panj-o nīm jelo-ye īn sākhtemān dīdār konam.
（私は）今日5時半に彼女とこの建物の前で会うことになっています。
［قرار گذاشتن　qarār gozāshtan　取り決める、دیدار کردن　dīdār kardan　会う］

که節を特に目立たせたい場合は、که以下を形式的にうけるاینやآنを前に置いた、一種の強調構文をとります。さらにکه以下を強めたい場合は、اینやآن

第24課　接続詞　191

に代えて、強意のهمをつけることもあります。

منظور من این است که ...
manzūr-e man īn ast ke ...
私が言いたいのは…ということです。[منظور manzūr 意図]

مشک آن است که ببوید نه اینکه عطار بگوید.
mashk ān ast ke bebūyad na īnke 'attār begūyad.
「麝香は自ら匂うもの、香料屋が言うものではない」＝あらゆる物は、自ずからその本質や特性を示すものだ（諺）[مشک mashk 麝香、بوییدن būyīdan 匂う、嗅ぐ、عطار 'attār 薬草屋、香料屋]

برای همین است که همیشه بهت می گویم زودتر راه بیفتی!
barāye hamīn ast ke hamīshe behet mīgūyam zūdtar rāh biyoftī!
だから（私が）いつも早く出発しなさいって言っているでしょう。

2）目的を表す従属節（「～のために」）を導く
この用法では、کهの節内の動詞は接続法現在形になります。

آمدم که شما را ببینم.
āmadam ke shomā rā bebīnam.
（私は）あなたに会いに来ました。

مادرم به من پول داد که برای نوروز لباس جدید بخرم.
mādaram be man pūl dād ke barāye nowrūz lebās-e jadīd bekharam.
ノウルーズに新しい服を買うようにと、私の母は私にお金をくれました。
[پول pūl 金、金銭]

3）時を表す副詞節（「～のとき」）を導く
وقتیکه vaqtīke「～のとき」と同じ意味で用いることができますが、کهはその性質上、وقتیکهなどのように文頭に立つことができません。このため、کهを用いて「～のとき」を表す際には、①副詞節内で、کهを主要な語句の次に置

く、②کهが導く副詞節を主節の後ろに置く、の2通りの用法があります。これらの用法は、副詞節と主節でそれぞれ生じる事態の時間差によって使い分けがなされます。

①副詞節内の動作・状態が主節に先行して起こる場合
　副詞節を前に置き、主要な語（句）の次にکهを置きます。
　「○○したら、××した」のように、کهが導く副詞節と主節が表す事象の間に時間差があり、که節に引き続いて主節が表す事態が起こる際は、کهを含む副詞節－主節の順番となります。ただしکهは文頭に立つことができないため、副詞節内では、主要な語句の次に置きます。کهが例外的な位置に来ることになるので、注意が必要です。

او که حاضر شد، به راه افتادند.
ū ke hāzer shod, be rāh oftādand.
彼が準備できたところで、（彼らは）出かけました。

بهار که می آید، شکوفه ها باز می شود.
bahār ke miyāyad, shokūfehā bāz mīshavad.
春が来れば、花々が咲きます。［شکوفه　shokūfe　開花、花］

سوار اتوبوس که شدم نیلوفر را دیدم.
savār-e otobūs ke shodam nīlūfar rā dīdam.
（私は）バスに乗ったら、ニールーファル（女性）に会いました。
［سوار شدن　savār shodan　〜に乗る］

副詞節がبودمを含む場合は、単に「〜の時」の意味になることがあります。

بچه که بودم، زندگی ما ساده تر بود.
bachche ke būdam, zendegī-ye mā sādetar būd.
（私が）子供だった時は、私たちの生活はより質素でした。

②副詞節と主節内が同時に進行する場合
　کهが導く副詞節自体を主節の後ろに置きます。

第24課　接続詞　193

「○○の時、××だった」のように、کهが導く副詞節と主節の動作や事態が同時に起こる場合、あるいは、「○○の時、もう××してしまっていた」のように、副詞節が示す時点に立って、それ以前に始まっていた動作や状態を述べる場合には、کهが導く副詞節は主節の後ろに来ます。کهは①のような例外的な位置ではなく、通常の用法で副詞節を導きます。この用法では、「××していたら、○○になった」と、前から訳すことも可能です。

هنوز صبحانه را نخورده بودیم که احمد آمد.
hanūz sobhāne rā nakhorde būdīm ke ahmad āmad.
アフマドが来た時、（私たちは）まだ朝食をとっていませんでした；（私たちが）まだ朝食をとっていないうちに、アフマドがやって来ました。[صبحانه　sobhāne　朝食]

داشتم ماشین را می شستم که باران آمد.
dāshtam māshīn rā mīshostam ke bārān āmad.
雨が降ってきた時、（私は）車を洗っていました；（私が）車を洗っていたら、雨が降ってきました。

چیزی نگذشت که آب سراسر زمین را فرا گرفت.
chīzī nagozasht ke āb sarāsar-e zamīn rā farā gereft.
水が地面を覆うのに長くはかかりませんでした；まもなく水は地面を覆いました。
　［چیزی نگذشت که… chīzī nagozasht ke…　まもなく…、سراسر sarāsar 全体、زمین zamīn 地面、地表、فرا گرفتن farā gereftan 占有する］

4）「〜なので」

　理由や前提条件を表します。この用法でも、کهが主要語句の次に来ることがあります。

اینطور که حرف می زند، من نمی توانم حرفهایش را باور کنم.
īntowr ke harf mīzanad, man nemītavānam harfhāyash rā bāvar konam.
　（彼は）そんなふうに話すので、私は彼の言うことを信じることができません。

5)「〜以来、〜して○○になる」

　このタイプの用法では、期間や時間を表す文が主節となり、従属節であるکه節では、発話の時点でもなお続いている、過去に始まった動作や状態が述べられます。که節内では、事態の進行（または完了）状況に合わせて、現在形（特に進行中であることを強調したい場合）、過去形、現在完了形（過去に開始した動作・状況が現在も継続している場合）が用いられます。

سه سال است که اینجا زندگی می کنم.
se sāl ast ke īnjā zendegī mīkonam.
（私は）ここに住んで３年になります。［زندگی کردن　zendegī kardan　住む］

چند سال است که فارسی یاد می گیرید؟
chand sāl ast ke fārsī yād mīgīrīd?
（あなたは）何年ペルシア語を習っていますか。

دو ساعت است که آنجا نشسته است.
do sā'at ast ke ānjā neshaste'ast.
（彼女は）あそこに２時間座っています。

دو هفته است که به مادرم تلفن نکرده ام.
do hafte ast ke be mādaram telefon nakarde'am.
（私は）母に２週間、電話をしていません。

　文自体が過去形になる場合、「〜して○○だった」は、که節内の動詞が過去形あるいは過去完了形となります。

دو هفته بود که به مادرم تلفن نکرده بودم.
do hafte būd ke be mādaram telefon nakarde būdam.
（私は）母に２週間、電話をしていませんでした。

6）強意的用法

　کهの例外的な用法です。ある語句を強調したい場合に、その語句の直後

に、文の構造上は必要ないکهを挿入して、その語句に焦点をあてます。کهが
3)「〜のとき」の①と似た位置に立つことがありますが、異なる用法ですので、注意しましょう。

فردا که نمی شود.　fardā ke nemīshavad.（他の日なら別ですが）明日<u>は</u>ダメです。

من که هیچ نگفتم.　man ke hīch nagoftam.

（他の人は別として）私<u>は</u>何も言いませんでしたよ。

حالا که خیلی وقت دارید.　hālā ke kheylī vaqt dārīd.

今は（まだ）たくさん時間がありますよ。

سه بار که برای شما گفته ام، باز هم فراموش کردید؟
se bār ke barāye shomā gofte'am, bāz ham farāmūsh kardīd?
3回<u>も</u>（私は）あなたに言ったのに、（あなたは）また忘れたのですか。

دیگر از او خبری نشد که نشد.　dīgar az ū khabarī nashod ke nashod.
彼女の行方はもう全くわからないのです。［خبر　khabar　情報、消息］

- تا tā

تاには、前置詞「〜まで」のほかに、以下のように、接続詞として節を導く用法があります。

1)「〜のために」（目的を表す）

تا節内では、接続法現在を用います。

کوشش کنید تا موفق شوید.　kūshesh konīd tā movaffaq shavīd.
成功するために努力しなさい。

صیاد آهو را بدوش گرفت تا به بازار ببرد و بفروشد.
sayyād āhū rā bedūsh gereft tā be bāzār bebarad-o beforūshad.
猟師は（その）鹿をバーザールに持っていって売ろうと肩に担ぎました。
［صیاد　sayyād　猟師、آهو　āhū　鹿、دوش　dūsh　肩］

2）「〜の間は、〜の限りでは」

تا این کار را تمام نکنید نباید بروید.

tā īn kār rā tamām nakonīd nabāyad beravīd.

（あなたは）この仕事を終えないうちは、帰ってはいけません。

تا تنور گرم است باید نان پخت.

tā tanūr garm ast bāyad nān pokht.

「かまどが熱いうちにナーンを焼け」＝鉄は熱いうちに打て（諺）

＊一般的な人称を表わす非人称構文（後述）が用いられています。

3）「〜までは（ずっと）、〜する頃には」

じ節が主節が表す時点よりも未来に関する事象を表す場合は、通常、接続法を用います。

من همینجا صبر می کنم تا فرهاد بیاید.

man hamīnjā sabr mīkonam tā farhād biyāyad.

ファルハード（男性）が来るまで、私はここで待っています。

تا به ایستگاه برسیم قطار شاید رفته باشد.

tā be īstgāh beresīm qatār shāyad rafte bāshad.

（私たちが）駅に着くまでに電車は出てしまっているでしょう。

［قطار　qatār　列車、電車］

تا دوستم رسید تاریک شده بود.

tā dūstam resīd tārīk shode būd.

私の友人が着く頃には暗くなってしまっていました。

4）「〜するとすぐに、〜と同時に」

خروس تا روباه را دید روی درخت پرید.

khorūs tā rūbāh rā dīd rū-ye derakht parīd.

オンドリはキツネを見るや、木の上に飛び上がりました。

［خروس　khorūs　オンドリ、روباه　rūbāh　キツネ］

دیروز به رستوران رفتم، تا نشستم دوست شما وارد شد.

dīrūz be restorān raftam, tā neshastam dūst-e shomā vāred shod.
（私が）昨日レストランに行きましたが、座ったと思ったらあなたの友達が入ってきました。

تا حقوق را دادند، این قالی را می خرم.

tā hoqūq rā dādand, īn qālī rā mīkharam.
給料が出たらすぐに、（私は）この絨毯を買います。
［حقوق hoqūq 給料、قالی qālī 絨毯］

تا は、上の例のように従属節を導く以外に、「（～して）そして」のように結果を表すことがあります。特に口語で多く用いられます。تا の後には過去形が来ます。

مرد برای خرید خربزه به بازار رفت. مدتی در بازار گشت و گشت و گشت تا دو تا خربزه خرید.

mard barāye kharīd-e kharboze be bāzār raft. moddatī dar bāzār gasht-o gasht-o gasht tā do tā kharboze kharīd.

男はメロンを買うためにバーザールに行きました。しばらくバーザールを探しまわって、（やっと）メロンを２個買いました。
［خرید kharīd 買い物、خربزه kharboze メロン］

- چون chūn/chon

1)「～ので」

چون خیلی برف می آمد، نتوانستم به دانشگاه بروم.

chūn kheylī barf miyāmad, natavānestam be dāneshgāh beravam.
雪がひどく降っていたので、（私は）大学に行けませんでした。

2）「〜のとき」

چون پسرم به خانه آمد، به شما خبر می دهم.
chūn pesaram be khāne āmad, be shomā khabar mīdaham.
息子が家に帰ったらあなたに知らせます。

3　従属接続詞となる複合接続詞

以上の接続詞のほかに、ペルシア語では、کهと指示代名詞や前置詞などが組み合さってできた複合接続詞が非常に多様に用いられます。

کهを含む複合接続詞は、大きく次のタイプに分けることができます。

① ... که + ی‐○○ +（前置詞）［که節が○○（名詞）を修飾する］
② ... آنکه/اینکه + 前置詞 +（○○）［اینکه/آنکه節が前置詞の目的語になる］
③ که + ○○（副詞）［○○がکه節を修飾する］＊種類は多くありません。

なお、کهが含まれる複合接続詞では、前の語とکهが続けて書かれる場合があります。また、کهが省かれることもしばしばあります。以下に、よく使われる複合接続詞を意味別にあげておきます。

1）時に関わるもの

• وقتی که vaqtīke / هنگامی که hengāmīke「〜のとき」

وقتیکه ده سال داشتم به مدرسه می رفتم.
vaqtīke dah sāl dāshtam be madrase mīraftam.
（私は）10歳だったとき、学校に通っていました。

وقتیکه کارتان تمام شد، به من زنگ بزنید.
vaqtīke kāretān tamām shod, be man zang bezanīd.
あなたの仕事が終わったら、私に電話してください。

هنگامی که می خواستم برای خرید به بازار بروم، خواهرتان را دیدم.
hengāmī ke mīkhāstam barāye kharīd be bāzār beravam, khāharetān rā dīdam.
（私が）バーザールに買い物に行こうとしていたら、あなたのお姉さんに会いました。

- در صورتی که/ (در) موقعی که (dar) mowqe'ī ke / dar sūratī ke
  「〜の場合は、〜の際は」

  در موقعی که از این کتاب لازم دارید به من بگویید.
  dar mowqe'ī ke az īn ketāb lāzem dārīd be man begūyīd.
  この本が必要なときは、私に言ってください。

- همینکه hamīnke / به محض اینکه be mahz-e īnke 「〜するや否や」

  دزد همینکه پلیس را دید، فرار کرد.
  dozd hamīnke polīs rā dīd, farār kard.　泥棒は警官を見るや否や、逃げました。
  ［دزد　dozd　泥棒、پلیس　polīs　警官、فرار کردن　farār kardan　逃げる］

  روباه همینکه صدای خروس را شنید به طرفش دوید تا شکار کند.
  rūbāh hamīnke sedā-ye khorūs rā shenīd be tarafesh davīd tā shekār konad.
  キツネはオンドリの声を聞くや否や、その方へ走ってオンドリを捕えようとしました。

- از وقتی که az vaqtī ke 「〜して以来」

  از وقتیکه اینجا کار می کنم اعتصابی نداشته ایم.
  az vaqtīke īnjā kār mīkonam e'tesābī nadāshte'īm.
  （私が）ここで働いて以来、（私たちは）ストライキを行なったことはありません。
  ［اعتصاب　e'tesāb　ストライキ］

- قبل از اینکه/ آنکه qabl az īnke/ānke 「〜する前に」

  پیش از اینکه/ آنکه pīsh az īnke/ānke

  従属節内は接続法になります。

  قبل از اینکه باران بیاید بر گردیم. qabl az īnke bārān biyāyad bar gardīm.

  雨が降る前に帰りましょう。

- پس از اینکه/ آنکه pas az īnke/ānke 「〜の後に」

  بعد از اینکه/ آنکه ba'd az īnke/ānke

بعد از اینکه همه رفتند به منزلم بر گشتم.
ba'd az īnke hame raftand be manzelam bar gashtam.
皆が帰ったあとで、（私は）帰宅しました。

2）理由・目的を表すもの

- برای اینکه/ آنکه　barāye īnke/ānke「〜なので」

  目的を表す場合は、که節内は接続法になります。

  برای اینکه نان بخورونمیری به دست بیاورد، شب و روز کار می کرد.
  barāye īnke nān-e bokhor-o namīrī be dast biyāvarad, shab-o rūz kār mīkard.
  わずかなナーンを手に入れるために彼は昼も夜も働いていました。
  ［بخورونمیر　bokhor-o namīr　わずかな、ごく少ない］

  دیروز به شرکت نرفتم برای اینکه مریض بودم.
  dīrūz be sherkat naraftam barāye īnke marīz būdam.
  昨日は病気だったので、（私は）会社には行きませんでした。［شرکت　sherkat　会社］

- تا اینکه　tā īnke「〜のために」（目的）

  目的を表す接続詞じと同様に用いることができます。

- از آنجا که　az ānjā ke「〜なので」

- زیرا (که)　zīrā (ke)「なぜならば〜」

  امروز نتوانستم به گردش بروم، زیرا که برف می آمد.
  emrūz natavānestam be gardesh beravam, zīrā ke barf miyāmad.
  今日（私は）散歩に行けませんでした、なぜなら雪が降っていたので。
  ［گردش　gardesh　散歩、برف　barf　雪］

- از اینکه/ آنکه　az īnke/ānke「なぜならば」

- ~ که ... آنقدر　ānqadr ... ke ~

    「あまりに...なので~、非常に...なので~」（=~するほど...だ）

    آنقدر شور بود که خان هم فهمید.　ānqadr shūr būd ke khān ham fahmīd.
    「あまりに塩辛かったので、族長でも気がついた」=好ましくない状態が限度をこえること（諺）

- ~ که ... چندان　chandān ... ke ~ / ~ که ... چنان　chonān ... ke ~

    「あまりに...なので」

    چندان تند دویدم که خسته شدم.
    chandān tond davīdam ke khaste shodam.
    （私は）あまりに速く走ったので、疲れてしまいました。

    هوا چنان سرد بود که زودتر آمدیم.
    havā chonān sard būd ke zūdtar āmadīm.
    あまりに寒かったので、（私たちは）早く帰ってきました。

- ... که بس از　az bas ke ...「あまりに...なので」

    上の２つの用法とは異なり、که の前に語句は入りません。

    از بس که راه رفتیم خسته شدیم.
    az bas ke rāh raftīm khaste shodīm.
    （私たちは）あまりに歩いたので、疲れてしまいました。

3) 様態を表すもの

- با وجود اینکه/آنکه　bā vojūd-e īnke/ānke

    با وجودیکه　bā vojūdīke / با اینکه　bā īnke「~にもかかわらず」

    با وجودیکه گرسنه بود نان را نگرفت.
    bā vojūdīke gorosne būd nān rā nagereft.
    （彼は）空腹だったにもかかわらず、（その）ナーンを受け取りませんでした。

この構文では帰結節をاما ammā やولی valī で受け直すことがあります。

ديروز مريم با وجوديكه سرما خورده بود ولى به شركت رفت.
dīrūz maryam bā bojūdīke sarmā khorde būd valī be sherkat raft.
昨日マルヤムは風邪をひいていたにもかかわらず、(しかしながら) 会社に行きました。[سرما خوردن　sarmā khordan　風邪をひく]

- همانطور(ى) كه hamāntowr(ī) ke / بطورى كه be towrī ke / چنانكه chonānke
「〜のように、〜のとおりに」

شناسه همانطور كه در درس دوم خوانديم شش تاست.
shenāse hamāntowr ke dar dars-e dovvom khāndīm shesh tāst.
人称は、(私たちが) 第2課で学んだように、6つあります。
[شناسه　shenāse　人称、درس　dars　勉強、〜課]

همانطوريكه توضيح دادم بنويسيم.
hamāntowrīke towzīh dādam benevīsīm.
(私が) 説明したように書きましょう。[توضيح دادن　towzīh dādan　説明する]

- مثل اينكه/ آنكه mesl-e īnke/ānke 「〜であるかのように」「まるで〜のように」
كه節の内容が現実に反する場合は、反実仮想を表す未完了過去形を使います。

او صحبت كرد مثل اينكه مرا مى شناخت.
ū sohbat kard mesl-e īnke marā mīshenākht.
彼はまるで私を知っているかのように話をしました。

- در حالى كه dar hālī ke / در ضمن اينكه dar zemn-e īnke 「〜しながら」

مسعود در حالى كه كتابش را بست، گفت.
mas'ūd dar hālī ke ketābash rā bast, goft.
マスウード (男性) は (彼の) 本を閉じながら言いました。

مادر بزرگ در حالی که صحبت می کرد دانه های تسبیح را بین انگشتانش می چَرخاند.

mādar bozorg dar hālī ke sohbat mīkard dānehā-ye tasbīh rā beyn-e angoshtānash mīcharkhānd.

祖母は話しながら、数珠の玉を指の間で転がしていました。

　　［دانه dāne 粒、玉、تسبیح tasbīh 数珠、انگشت angosht 指、چَرخاندن charkhāndan 回転させる、回す］

- به جای اینکه be jā-ye īnke「〜の代わりに」

- غیر از اینکه / جز اینکه (be) joz īnke / qeyr az īnke「〜を除いて」

- بدون اینکه / بی آنکه bedūn-e īnke / bī ānke「〜することなしに」

　副詞節内は接続法現在形になるのが普通です。

او بدون اینکه اسمش را هم به کسی بگوید، رفت.

ū bedūn-e īnke esmesh rā ham be kasī begūyad, raft.

彼は自分の名前をだれにも告げることなく、去ってしまいました。

او بی آنکه به پدر و مادرش خبر بدهد به سفر رفت.

ū bī ānke be pedar-o mādarash khabar bedehad be safar raft.

彼女は両親に知らせることなく、旅行に行きました。

4）条件・仮定を表すもの

- چنانچه chenānche/chonānche「もし〜の場合は」

در صورتیکه dar sūratīke や اگر agar と類似の意味で用いられます。

چنانچه مشکلی پیش بیاید کمکتان می کنم.

chonānche moshkelī pīsh biyāyad komaketān mīkonam.

困った時には（私が）あなたの力になりますよ。

　　［مشکل moshkel 困難な、困難、難題、پیش آمدن pīsh āmadan 起こる、生じる］

- مگر (اینکه/ آنکه) mágar (īnke/ānke)

    「〜でなければ、〜を除いて、〜（の場合）以外は」

    من شما را به سفر نمی برم مگر اینکه هر چه گفتم قبول کنید.
    man shomā rā be safar nemībaram magar īnke har che goftam qabūl konīd.
    （私が）言ったことは何でも（あなたが）受け入れなければ、私はあなたを旅行には連れて行きません。

    من نمی روم مگر اینکه شما بیایید.
    man nemīravam magar īnke shomā biyāyīd.
    あなたが来ないなら、私は行きません。

    * この用法では、مگر自体に否定の意味が含まれているので、副詞節内の動詞は肯定形になります。
    * 主節をو الا va'ellā「さもなければ」などで受け直すこともあります。

    مگرには「まさか〜とは」としての用法もあります。

    مگر خودتان اینطور نگفتید؟ magar khodetān īntowr nagoftīd?
    あなたが自分でこう言ったのではないのですか（＝こう言わなかったとでもいうのですか）。

    مگر آنجا بودید؟ magar ānjā būdīd?
    （あなたは）そこにいたとでも（いうのですか）？

    文の後にمگر نه؟をつけると、念押し「〜ですよね」の意味になります。

    شما هم می آیید، مگر نه؟ shomā ham miyāyīd, magar na?
    あなたも来るんですよね。

- اگر چه agar che / گر چه gar che / اگر هم agar ham
    هر چند har chand / حتی اگر hattā agar 「たとえ〜でも、〜にもかかわらず」

これらの表現では、帰結節をاماammāやولیvalīで受け直すことがあります。

اگر هم آنرا دیده باشید، باز هم نمی توانم باور کنم.

agar ham ānrā dīde bāshīd, bāz ham nemītavānam bāvar konam.
(あなたが) それを見ていたとしても、それでも（私は）信じることができません。

این لباس اگرچه ارزان است اما جنسش بد نیست.

īn lebās agar che arzān ast ammā jensesh bad nīst.
この服は安いですが、品質は悪くありません。
　　[ارزان　arzān　安い、جنس　jens　品質]

اگرچه میان ما سابقه‌ی دوستی نیست ولی امیدوارم که خواهش مرا بپذیرید.

agar che miyān-e mā sābeqe-ye dūstī nīst valī omīdvāram ke khāhesh-e marā bepazīrīd.
もし私たちが（これまで）友達でなかったとしても、私は（あなたが）私の願いを受け入れてくれることを望んでいます。
　　[...میان　miyān-e　...の間に、سابقه　sābeqe　前歴、امیدوار　omīdvār　～を望む、خواهش　khāhesh　依頼、願い]

- هر چه har che/ هر قدر(که) har qadr (ke)「いかに～でも」

هر چه مشکل باشد، سعی می کنم.

har che moshkel bāshad, sa'ī mīkonam.
いかに難しくとも、（私は）やってみます。
　　[سعی کردن　sa'ī kardan　～してみる、努力する]

هر چه گشتیم او را پیدا نکردیم.

har che gashtīm ū rā peydā nakardīm.
（私たちが）いくら探しても、彼を見つけ（られ）ませんでした。

هر قدرکه کوشش کردند فایده نداشت.

har qadr ke kūshesh kardand fāyede nadāsht.
（彼らが）いかに努力しても、役に立ちませんでした。
［فایده　fāyede　利益、有用］

- به شرطی که　be shartī ke「～という条件で、～ならば」

می توانید بروید به شرطی که ناهارتان را خورده باشید.

mītavānīd beravīd be shartī ke nāhāretān rā khorde bāshīd.
（あなたが）昼食を終わったのなら、行っていいですよ。

بشرطی که شما این را بخرید، من هم می خرم.

be shartī ke shomā īn rā bekharīd, man ham mīkharam.
あなたがこれを買うなら、私も買います。

- خواه ～ خواه ～　khāh ～ khāh ～
  چه ～ چه ～　che ～ che ～
  「～であれ、～であれ」「～でも、～でも」

動詞が重複する場合は、後半が省略されます。「～」部分に動詞が入る際は、接続法になります。

خواه امروز بیایید، خواه فردا، می توانید آقای نصیری را ببینید.

khāh emrūz biyāyīd, khāh fardā, mītavānīd āqā-ye nasīrī rā bebīnīd.
（あなたは）今日行っても明日行っても、ナスィーリーさん（男性）には会えますよ。

چه حرف بزنید، چه سکوت بکنید، محکوم خواهید شد.

che harf bezanīd, che sokūt bekonīd, mahkūm khāhīd shod.
（あなたが）話そうが黙っていようが、判決を受けますよ。
［سکوت　sokūt　沈黙、無言、محکوم　mahkūm　宣告、判決］

5）その他

- مبادا (که) mabādā (ke)「～しないように、～しないかと」

    که節内は接続法になります。

    مبادا دست به آتش بزنید.

    mabādā dast be ātesh bezanīd.
    火に触わらないようにね。[آتش　ātesh　火、زدن دست　dast zadan　触れる、触わる]

    مبادا آنرا فراموش بکند.

    mabādā ānrā farāmūsh bekonad.
    （彼が）そのことを忘れることがありませんように。

第25課　条件文・祈願文

　ペルシア語の条件文では、条件節は通常 اگر ágar（ストレスは語頭）「もし～ならば」で導かれます。条件節は、大きく次の2つのタイプに分けられます。

- 条件文Ⅰ：
  条件節の内容が実現するか、または実現したかどうか不明な場合
- 条件文Ⅱ：
  条件節とそれが導く帰結節の事象が、現実に反したことである場合（反実仮想）

1　条件文Ⅰ

　「もし～ならば」「もし～だったならば」のように、条件節で述べる内容が事実であるか、または実現可能かどうか、話し手に不明である場合の条件文です。条件節には通常、接続法が用いられます。
　このタイプの条件文では、条件節の時制が現在または未来の場合（「もし～ならば」）には、条件節内は接続法現在形、過去に完了したかどうか不明な場合（「もし～だったならば」）には接続法完了形が用いられます。帰結節では、条件節で述べられた事象が現実であった場合に基づいた結果や展望が示されるため、用いられる活用形は現在形、未来形、命令形などさまざまです。

1）接続法現在形を使った条件文

اگر همین الان بروم، به اتوبوس می رسم.

agar hamīn al'ān beravam, be otobūs mīresam.

もし（私が）今すぐに出れば、バスに間に合います。

اگر در خانه نمانی به گردش برویم.

agar dar khāne namānī be gardesh beravīm.

もし（君が）家にいないなら、散歩に行きましょう。

اگر خوب نگاه کنید متوجه می شوید.
agar khūb negāh konīd motavajjeh mīshavīd.
もし（あなたが）よく見れば、わかりますよ。

اگر پنجره را ببندید گرم می شود. agar panjare rā bebandīd garm mīshavad.
もし（あなたが）窓を閉めれば、暑く（暖かく）なりますよ。［پنجره panjare 窓］

اگر مرخصی بدهند، به مسافرت می روم.
agar morakhkhasī bedahand, be mosāferat mīravam.
もし休暇が取れれば、（私は）旅行に行きます。
［مرخصی morakhkhasī 休暇、مسافرت mosāferat 旅行］

اگر او را ببینم سَلامِتان را می رِسانَم. agar ū rā bebīnam salāmetān rā mīresānam.
もし（私が）彼女に会うなら、あなたがよろしく言っていたと伝えておきます。
［سلام رساندن salām resāndan よろしくと伝える、挨拶を伝える］

2）過去形を使った条件文
　条件文Ⅰは、上で学んだように基本的には接続法現在形を用いますが、「もし～だったら」と、仮定した事柄が確定したことを前提にしている場合には、条件節内で過去形が用いられることがあります。日本語の「明日雨が降れば...」と「明日雨が降ったら...」の使い方と同じような感覚と考えればよいでしょう。

اگر بلیط نبود با من تماس بگیرید. agar belīt nabūd bā man tamās begīrīd.
もしチケットがなかったら、私に連絡しなさい。［بلیط belīt チケット、切符、با ... تماس گرفتن bā ... tamās gereftan ～に連絡する］

اگروقت داشتم با هم می آیم. agar vaqt dāshtam bā ham miyāyam.
もし（私が）時間があったら、一緒に行きます。

اگر او را دیدید، سلام مرا برسانید. agar ū rā dīdīd, salām-e marā beresānīd.

210

もし（あなたが）彼女に会ったら、よろしくお伝えください。

3）接続法完了形を使った条件文
　「もし～したのなら」「もし～してしまったなら」のように、すでに過去に起こった事象が事実であるかどうか、話し手にわからないことを条件節で述べる場合、条件節内では通常、接続法完了形が用いられます。

اگر او از مسافرت بر گشته باشد، به من زنگ می زند.
agar ū az mosāferat bargashte bāshad, be man zang mīzanad.
もし彼女が旅行から帰っているなら、私に電話をするでしょう。

اگر قبلاً او را دیده باشید، منظور من را می فهمید.
agar qablan ū rā dīde bāshīd, manzūr-e man rā mīfahmīd.
もし（あなたが）前に彼女に会ったことがあるなら、私の言いたいことがわかるでしょう。［قبلاً　qablan　以前に］

اگر هنوز نرفته باشد، این مدرک را به او بدهید.
agar hanūz narafte bāshad, īn madrak rā be ū bedahīd.
もし（彼が）まだ帰って（＝行って）いなかったら、この書類を彼に渡してください。［مدرک　madrak　書類］

4）条件節に直説法が使われる場合
　「時間があるのなら手伝ってください」「今日図書館に行くなら、本を借りてきてくれませんか」（話し手が、相手に時間があることや図書館に行くことを知っている）のように、「～なのであれば」「～なら」と、ある事象を話し手が事実であると認識していて、これを条件節で前提条件として述べる場合は、اگر節で直説法現在形を用いることがあります。これは厳密な意味で上の条件文とは異なりますが、同じくاگر節によって表されるため、ここで紹介しておきます。

اگر او را می شناسید، به من معرفی کنید.
agar ū rā mīshenāsīd, be man mo'arefī konīd.

（あなたが）彼を知っているのなら、私に紹介してください（あなたが彼を知っていることはわかっているのだから）。
［معرفی کردن　mo'arefī kardan　紹介する］

اگر وقت دارید، به من کمک کنید.
agar vaqt dārīd, be man komak konīd.
（あなたが）時間があるのなら、私を手伝いなさい。

اگر به بازار می روید آن را بخرید.
agar be bāzār mīravīd ān rā bekharīd.
（あなたが）バーザールに行くのなら、それを買いなさい。

2　条件文Ⅱ

「もし～なら、○○なのに」「もし～だったら、○○だっただろうに」（実際は不可能）のように、現実に起きていることと反する事象（反実仮想）を述べる場合です。条件節、帰結節ともに未完了過去形が用いられます。

このタイプの条件文では、そこで述べようとする時制には関係なく、条件節・帰結節の両方に未完了過去形を用います。このため、時制が紛らわしくなりそうな場合には、前後関係や時間を表す副詞をともに用いることで、混乱を避けることがあります。

اگر همین الان می رفتم، به اتوبوس می رسیدم.
agar hamīn al'ān mīraftam, be otobūs mīresīdam.
（私は）もし今すぐに出れば、バスに間に合うのですが（実際は出られないので、バスには間に合わない）。

اگر او به من زنگ می زد، اینطور نمی شد.
agar ū be man zang mīzad, īntowr nemīshod.
もし彼女が私に電話をかけていたら、こんなことにはならなかったのに。

بودنとداشتنについては、未完了過去形の代わりに過去形が用いられます。

اگر جای شما بودم، چنین کار را نمی کردم.
agar jā-ye shomā būdam, chenīn kār rā nemīkardam.
もし（私が）あなたの立場だったら、こんなことはしないでしょう。

اگر پول داشتم این ماشین را می خریدم.
agar pūl dāshtam īn māshīn rā mīkharīdam.
もしお金があったら、（私は）この車を買うのに。

اگر شما نبودید، در امتحان قبول نمی شدم.
agar shomā nabūdīd, dar emtehān qabūl nemīshodam.
もしあなたがいなかったら、（私は）試験に合格しなかったでしょう。
［قبول شدن　qabūl shodan　合格する］

اگر دیروز می آمدید، می توانستید او را ببینید.
agar dīrūz mīyāmadīd, mītavānestīd ū rā bebīnīd.
もし（あなたが）昨日来ていたら、彼女に会えたのに。

口語などでは、以下のように過去完了形など他の活用形が用いられることもありますが、まずは基本形となる未完了過去形の組み合わせを憶えるようにしましょう。

اگر در خانه ام مانده بود، اینطور نشده بود.
agar dar khāne'am mānde būd, īntowr nashode būd.
もし（彼が）私の家に留まっていたら、こんなことにはならなかったのに。

3　祈願文

祈願文「〜であるように！」は、کاش kāsh, کاشکه kāshke, کاشکی kāshkī, ای کاش ey kāshなどを文頭に置いて作ります。これらの4種類には特に使い分けはありません。動詞は通常、反実仮想を表す未完了過去形を用います。

کاش هوا خوب می شد!　　kāsh havā khūb mīshod!
天気が良くなればいいのになあ。

کاشکه پدرم هم اینجا بود!   kāshke pedaram ham īnjā būd!

父もここにいればよかったのになあ。

کاشکی او را نمی دیدم!   kāshkī ū rā nemīdīdam!

彼女に会わなければよかったなあ。

بودنについては、本来の祈願法で化石化した3人称単数形、بادが用いられることがあります。

زنده باد!   zende bād!   万歳！

مبارک باد!   mobārak bād!   おめでとう！

هر چه بادا باد!   har che bādā bād!   なるようになれ！

(بادا のاは強調を表す接尾辞)

4　反実仮想を表す未完了過去形

未完了過去形は、条件文や祈願文中でなくても、単独で、あるいは、「〜していればよかった」などの非人称構文中（後述）で、反実仮想の事象を表すことができます。ここでは単文における用法をあげておきます。

چرا به من خبر ندادید؟ خبر می دادید.
cherā be man khabar nadādīd? khabar mīdādīd.

どうして私に知らせなかったの、知らせてくれればよかったのに。

شما هم می آمدید.   shomā ham miyāmadīd.   あなたも来ればよかったのに。

第26課　数詞・副詞 II

1　基数詞

ペルシア語の基数詞は以下の通りです。数字は左から右に書かれます。発音のバリエーションに見られる/i/は常に短めに発音されます。

۰	صفر	sefr	0
۱	یک	yek	1
۲	دو	do	2
۳	سه	se	3
۴または٤	چهار	chahār	4
۵	پنج	panj	5
۶	شش	shesh/shish	6
۷	هفت	haft	7
۸	هشت	hasht	8
۹	نه	noh	9
۱۰	ده	dah	10
۱۱	یازده	yāzdah	11
۱۲	دوازده	davāzdah	12
۱۳	سیزده	sīzdah	13
۱۴または١٤	چهارده	chahārdah	14
۱۵	پانزده	pānzdah	15

۱۶	شانزده	shānzdah	16
۱۷	هفده	hefdah/hivdah	17
۱۸	هجده	hejdah/hezhdah/hizhdah	18
۱۹	نوزده	nūzdah	19
۲۰	بیست	bīst	20
۲۱	بیست و یک	bīst-o yek	21
۳۰	سی	sī	30
۴۰ または ٤۰	چهل	chehel	40
۵۰	پنجاه	panjāh	50
۶۰	شصت	shast	60
۷۰	هفتاد	haftād	70
۸۰	هشتاد	hashtād	80
۹۰	نود	navad	90
۱۰۰	صد	sad	100
۱۰۱	صد و یک	sad-o yek	101
۲۰۰	دویست	devīst	200
۳۰۰	سیصد	sīsad	300
۴۰۰ または ٤۰۰	چهارصد	chahārsad	400
۵۰۰	پانصد	pānsad	500
۶۰۰	ششصد	sheshsad/shishsad	600
۷۰۰	هفتصد	haftsad	700

۸۰۰	هشتصد	hashtsad	800
۹۰۰	نهصد	nohsad	900
۱۰۰۰	هزار	hezār	1,000
۱۰۰۱	هزار و یک	hezār-o yek	1,001
۲۰۰۰	دو هزار	do hezār	2,000
۱۰۰۰۰	ده هزار	dah hezār	10,000
۱۰۰۰۱	ده هزار و یک	dah hezār-o yek	10,001
۲۰۰۰۰	بیست هزار	bīst hezār	20,000
۱۰۰۰۰۰	صد هزار	sad hezār	100,000
۲۰۰۰۰۰	دویست هزار	devīst hezār	200,000
۳۰۰۰۰۰	سیصد هزار	sīsad hezār	300,000
۱۰۰۰۰۰۰	میلیون	mīlyūn	1,000,000

　100や1000などの数詞の複数形は、「数百の」「数千の」の意味となります。この場合は、数字を使わずにهزارها/صدهاで書かれます。

　数詞は被修飾語の前に置きます。従って、エザーフェは入りません。また、2以上の基数を前に置いても、後続の名詞は複数形ではなく、常に単数形になります。

دو تا خواهر دارم.　do tā khāhar dāram.　（私は）2人の姉妹がいます。

سه تا کتاب خریدم.　se tā ketāb kharīdam.　（私は）3冊の本を買いました。

2　序数詞

　「〜番目」などの、順序を表す序数詞には、以下の2種類があります。

① م‎ -om形

基数詞に م‎ -om をつけて作ります。-om のついた序数詞は、多くは限定用法で用いられ、通常の形容詞と同様に、被修飾語の後に置き、エザーフェで連結します。

第1番目	اول/ نخست/ یکم	yekom/nakhost (nokhost)/avval
第2番目	دوم	dovvom
第3番目	سیم/ سوم	sevvom/seyyom
第4番目	چهارم	chahārom
第5番目	پنجم	panjom
第6番目	ششم	sheshom (shishom)
第7番目	هفتم	haftom
第8番目	هشتم	hashtom
第9番目	نهم	nohom
第10番目	دهم	dahom
第21番目	بیست و یکم	bīst-o yekom

「第1番目」のうち、اول/ نخست/ یکم、یکم は、بیست و یکم「21番目」、سی و یکم「31番目」など、یک を含む基数詞を序数詞化する時に使われます。「1番目の」という意味では通常 اول を用います。

سال دوم	sāl-e dovvom	2年目
دفعه ی سوم	daf'e-ye sevvom	3回目
روز چهارم	rūz-e chahārom	4日目、第4日

نوروز روز اول سال است. nowrūz rūz-e avval-e sāl ast.

ノウルーズは年の最初の日です。

-omのついた序数詞は、副詞としても用いることができます。

اول، ...دوم،... avval, ... dovvom,...　第1に...、第2に...、

② ین- -īnで終わる序数詞

　序数詞 م- -omの語尾に、さらにین- -īnをつけて作ります。上記の-om形とは異なり、副詞的用法（「第〜番目に」）をもたず常に限定用法となり、名詞を修飾します。この序数詞は名詞の前に置かれます。従って、この-īn形と被修飾語の名詞の間にはエザーフェは入りません。

یکمین yekomīn / نخستین nokhostīn / اولین avvalīn	第1番目の
دومین	dovvomīn	第2番目の
سومین	sevvomīn	第3番目の
صدمین	sadomīn	第100番目の
صد ویکمین	sad-o yekomīn	第101番目の

صدمین سالگرد　sadomīn sālgard　100周年［سالگرد sālgard　記念日］

برای اولین بار　barāye avvalīn bār　初めて［بار bār　回、度］

دومین ساختمان منزل ما است.
dovvomīn sākhtemān manzel-e mā ast.
2番目の建物が私たちの家です。

فروردین اولین ماه سال است.
farvardīn avvalīn māh-e sāl ast.

ファルヴァルディーン（月）は年の最初の月です。

［فروردین farvardīn　ファルヴァルディーン月（イラン暦1月）］

「何番目の」も同様に、چند chand「いくつ」から序数詞を作ることができます（چندم chandom「何番目の」、چندمین chandomīn「何番目の」）。使い方は上に説明した序数詞と同じです。

امروز چندم اسفند است؟

emrūz chandom-e esfand ast?

今日はエスファンド月の何日ですか。

［اسفند　esfand　エスファンド月（イラン暦12月）］

این برای او چندمین بار است که به ایران می آید؟

īn barāye ū chandomīn bār ast ke be īrān miyāyad?

（彼が）イランに来るのはこれが何回目ですか。

3　数に関わる表現

1）日付の表わし方

日、月、年の順に並べ、それぞれをエザーフェでつなぎます。日を表す数詞は序数詞（-om形）になります。イランで使用される暦と月名については、巻末の一覧にあげてあります。

پانزدهم فروردین

pānzdahom-e farvardīn

（イラン暦）ファルヴァルディーン月15日

روز عاشورا دهم محرم است.

rūz-e 'āshūrā dahom-e moharram ast.

アーシューラー（イマーム・ホセイン殉教日）は（イスラーム暦）モハッラム月10日です。［محرم　モハッラム月（イスラーム暦1月）］

۲ اردیبهشت ۱۳۹۰ (ه‍.ش.)
dovvom-e ordībehesht-e (sāl-e) hezār-o sīsad-o navad (-e hejrī-ye shamsī)
イラン暦1390年オルディーベヘシュト月2日
［اردیبهشت　オルディーベヘシュト月（イラン暦2月），ه‍.ش.　イラン暦の略称］

2）分数、小数、割合、倍数などの表し方

- نیم nīm または نصف nesf「2分の1、半分」

　نیم は通常、名詞に前置するため、エザーフェは必要ありません。一方で、نصف は後続の語とエザーフェで連結します。

نیم کیلو	nīm kīlo	半キロ
نیم ساعت	nīm sā'at	半時間
سه ساعت و نیم	se sā'at-o nīm	3時間半（時間）
(ساعت) سه و نیم	(sā'at-e) se-o nīm	3時半に（時刻）
نصف روز	nesf-e rūz	半日

- ربع rob'「4分の1」

ربع کیلو	rob' kīlo	4分の1キロ
ربع ساعت	rob' sā'at	4分の1時間、15分
سه ربع (ساعت)	se rob' (sā'at)	4分の3時間、45分

- 分数は、分子を基数、分母を序数で読みます。

　دو سوم　do sevvom　3分の2

- 小数点は ممیز と読みます。小数点は［/］で表します。

　۲/۵　دو ممیز پنج　do momayyez panj　2.5

- 割合は、対象となる数字を先に、در صد dar sad「100のうちの；100分の」を後につけます。

  ۳۰٪ (سی در صد) sī dar sad　30パーセント

- 倍数は、数詞の後に برابر barābar「〜倍」をつけて表します。

  پنج برابر　panj barābar　5倍

- 端数は、اند and や اندی andī を用いて表します。

  بیست و اندی　bīst-o andī　20余り

- 数詞（＋助数詞）を繰り返すと、「〜ずつ」の意味になります。

  دو سه　do se　　2、3の

  یکی یکی　yekī yekī　　1つずつ

  دو تا دو تا/دو دو　do do/do tā do tā　　2つずつ

- 加減乗除には以下のような表現があります。

  پنج به اضافه (ی) شش یازده است.
  panj be ezāfe(-ye) shesh yāzdah ast.
  5＋6＝11

  چهار منهای یک سه می شود.
  chahār menhā-ye yek se mīshavad.
  4－1＝3　［منها　menhā　マイナス、引き算］

  اگر سه را از ده کم کنیم باقیمانده چند است؟
  agar se rā az dah kam konīm bāqīmāde chand ast?
  10から3を引くと、残りはいくつですか。　［کم کردن　kam kardan　差し引く、باقیمانده　bāqīmānde：باقی ماندن　bāqī māndan「残る」の過去分詞］

هفت ضرب در هشت می شود پنجاه و شش.
haft zarb dar hasht mīshavad panjāh-o shesh.

7×8=56 ［ضرب　zarb　打つこと；掛け算］

صد تقسیم بر پنج برابر است به بیست.
sad taqsīm bar panj barābar ast be bīst.

100÷5＝20

　　［تقسیم　taqsīm　分配；割り算、برابر　barābar　等しい、同等の］

＊動詞にはاست, می شودのどちらを用いても構いません。また動詞の位置は文末でも数字の前でも構いません。

4　助数詞

　ペルシア語では、「３人の子供」などのように、「〜個」「〜人」などを表す助数詞が、数詞とともに頻繁に用いられます。助数詞は数詞の後に置き、常に修飾する名詞の前に置きます。ペルシア語の助数詞は、日本語のように種類が多いわけではなく、また常に必要ということはありませんが、「〜個」「〜人」など、助数詞を用いるのが慣例になっているものもあります。

　代表的な助数詞は以下の通りです。多くは、普通名詞が助数詞としての用法をもったものです。

・تا　tā「〜個、〜人」

　もっとも一般的な助数詞です。現在では人と物の両方に使うことができます。口語では、会話の中で話題となっている計量や計測の単位の代わりに使うことがあります。

چند تا بچه دارید؟　chand tā bachche dārīd?（あなたには）何人子供がいますか。

تا شیراز چند کیلو است؟　－　tā shīrāz chand kīlo ast?
پانصد و هفتاد تا.　－　pānsad-o haftād tā.
「シーラーズまで何キロありますか」「570kmです」

「1個、1つ」のみ、یک تا ではなくیک دانه または یکی yekí が用いられます。

همین یک دانه می خواهید؟
hamīn yek dāne mīkhāhīd?
（あなたは）この1つだけ欲しいのですか？

- نفر　nafar「〜人」

  پنج نفر ایرانی　panj nafar īrānī　5人のイラン人

- دانه　dāne「〜個、〜粒」

  形状が小さい物に使います。

  دو دانه پسته　do dāne peste　ピスタチオ2粒［پسته　peste　ピスタチオ］

- جفت　joft「組」

  対になっているものに用いられます。

  یک جفت کفش　yek joft kafsh　一足の靴［کفش　kafsh　靴］

- عدد　'adad「〜個」

  سه عدد تخم مرغ　se 'adad tokhm-e morq

  3個の鶏卵　［تخم مرغ　tokhm-e morq　鶏卵］

- その他

  以下のような助数詞（計量単位を含む）もよく用いられます。

  چهار جلد کتاب　chahār jeld ketāb　4冊の本［جلد　jeld　巻、冊］

  یک دست لباس　yek dast lebās　1揃いの服

  دو فنجان چای　do fenjān chāy　カップ2杯のお茶
  ［فنجان　fenjān　茶碗、ティーカップ］

یک لیوان آب	yek līvān āb	コップ1杯の水［لیوان　līvān　コップ］
یک جعبه شیرینی	yek ja'be shīrīnī	1箱の菓子［جعبه　ja'be　箱］
دو کیلو گوشت	do kīlo gūsht	2kgの肉
صد گرم شکر	sad geram shekar	100gの砂糖［شکر　shekar　砂糖］
پنج متر پارچه	panj metr pārche	5mの布地［پارچه　pārche　布地］

5　副詞Ⅱ

　ここでは、強意・肯定／否定に関わる副詞と類似の様態を示す形容詞・副詞、アラビア語起源の副詞についてあげておきます。

1）強意の副詞・肯定／否定に関わる副詞

● نه na「～ではない」

پایتخت افغانستان کابل است نه قندهار.
pāyetakht-e afqānestān kābol ast na qandahār.
アフガニスタンの首都はカンダハールではなくカーブルです。
［پایتخت　pāyetakht　首都］

● نه ... نه ...　na ... na ...「...も...も（～ない）」
動詞が重複する場合には、後半が省略されます。

نه شما آمدید، نه برادرتان.
na shomā āmadīd, na barādaretān.
あなたも、あなたの兄弟も来ませんでした。

● هرگز hargez「決して～しない」（否定文中で）

سهند هرگز دروغ نمی گوید.
sahand hargez dorūq nemīgūyad.
サハンド（男性）は決して嘘をつきません。［دروغ　dorūq　嘘］

- دیگر dīgar「もはや～、もう～」（否定文中で）、「もう～」（肯定文中で）

    دیگر ضبط نمی کنم.
    dīgar zabt nemīkonam.
    もう（私は）録音（録画）していないですよ。
    ［ضبط کردن　zabt kardan　録音する、録画する］

- هنوز hanūz「まだ～」（否定文中で）
    完了形と一緒に用いられることが多くあります。

    نامه ی شما هنوز نرسیده است.
    nāme-ye shomā hanūz narasīde'ast.　あなたの手紙はまだ着いていません。

    او هنوز نیامده (است).　ū hanūz nayāmade (ast).　彼はまだ来ていません。

    آنوقت پسرم هنوز به دنیا نیامده بود.
    ānvaqt pesaram hanūz be donyā nayāmade būd.
    その時はまだ私の息子は生まれていませんでした。
    ［به دنیا آمدن　be donyā āmadan　生まれる］

- هم ... هم ham ... ham ...「～も～も」
    動詞が重複している場合には、後半が省略されます。

    هم شیر و سر شیر دارم و هم پنیر و ماست و کره.
    ham shīr-o sar shīr dāram va ham panīr-o māst-o kare.
    （私は）ミルクとクリームも、（それから）チーズとヨーグルトとバターも持っています。
    ［شیر　shīr　ミルク、سرشیر　sar shīr　乳脂、クリーム、پنیر　panīr　チーズ、ماست　māst　ヨーグルト、کره　kare　バター］

    هم خدا را می خواهد و هم خرما را.
    ham khodā rā mīkhāhad-o ham khormā rā.
    「神もナツメヤシも求める」=自らの分をわきまえず、それ以上のものを求めること（諺）

２）類似の様態を表す形容詞・副詞

　این īn「これ、この」や آن ān「あれ、それ、あの、その」と طور towr「方法」قدر qadr「量」、چون chūn「〜のように」などの語が複合して、類似の様態を表す代名詞や形容詞、副詞として用いられることがあります。これらの語の前にさらに強意の هم hamがついたものもみられます。強意の هم を含む語では、ストレスはham-に置かれます。なお、「〜のように」の「〜」が節になるときは、これらの語の後に節を導く که がつき、副詞節となります。なお、これらの語は、副詞および形容詞として用いられます。

همین	hámīn	まさにこれ、まさにこの
همان	hámān	まさにあれ、まさにそれ、まさにあの、まさにその

＊همین, همان は単独で使われるときは、形容詞または代名詞となります。

چنین	chenīn /chonīn	このように、このような

پدرم چنین گفت ...　pedaram chenīn goft...　私の父はこう言いました...

چنان	chenān /chonān	あの（その）ように、あの（その）ような
همچنین	hámchonīn	まさにこのように、まさにこのような
همچنان	hámchonān	まさにあの（その）ように、まさにあの（その）ような
اینطور	īntowr	このように
آنطور	āntowr	あのように、そのように
همینطور	hámīntowr	（まさに）このように
همانطور	hámāntowr	まさにあのように
همینجا	hámīnjā	ここに、ここで（اینجا より強めの言い方）
همانجا	hámānjā	あそこに、あそこで（آنجا より強めの言い方）

اینقدر	īnqadr	このように（程度）
آنقدر	ānqadr	あのように（程度）

3）アラビア語起源の副詞

このほか、ペルシア語では、アラビア語の対格語尾 ﺍ (tanvīn) をもつ副詞もよく用いられます。以下によく使うものをまとめておきます。

ابداً	abadan	決して〜ない（否定文中で）			
اصلاً	aslan	決して〜ない（否定文で）、いったい、本来（肯定文で）			
اتفاقاً	ettefāqan	偶然に	تقریباً	taqrīban	およそ、約
اکثراً	aksaran	大抵は	شخصاً	shakhsan	個人的に
حتماً	hatman	確かに	مثلاً	masalan	たとえば
کاملاً	kāmelan	完全に	مخصوصاً	makhsūsan	特に
مجدداً	mojaddadan	再び	واقعاً	vāqe'an	実際に、本当に
نسبتاً	nesbatan	比較的			

第27課　語順Ⅱ・数／人称／時制の不一致・非人称構文

1　語順Ⅱ

　語順Ⅰでも説明したように、ペルシア語では、単文の語順は日本語と同じで、動詞は最後に置かれます。基本的な単文の文型タイプは以下の通りです。主語は省略されることが多いので注意が必要です。

①主語＋動詞

　　　　من خوابیدم.　　　man khābīdam.　　　私は眠りました。

②主語＋補語＋動詞

　　　　من ایرانی هستم.　　man īrānī hastam.　　私はイラン人です。

③主語＋目的語＋動詞

　　　　من کتاب می خوانم.　man ketāb mīkhānam.　私は本を読みます。

④主語＋間接目的語＋直接目的語＋動詞

　　　間接目的語は前置詞 به などによって示されます。

　　　　آن دختر به من یک سیب داد.　ān dokhtar be man yek sīb dād.

　　　あの女の子は私にリンゴをくれました。

⑤主語＋目的語＋目的格補語＋動詞

　　この構造をとる動詞は多くはありませんが、دانستن dānestan「知る、見なす」、دیدن dīdan「見る、見なす、知る」、شناختن shenākhtan「識る」、شمردن shomordan「～と数える、見なす」、گذاشتن gozāshtan「～のままにする」、نامیدن nāmīdan「～を…と名づける」などです。

　　　　ما این اسم را مرکب می نامیم.　mā īn esm rā morakkab mīnāmīm.

　　　私たちはこの名詞を複合語と名付けています。

　　　［اسم　esm　名詞、名前、مرکب　morakkab　複合した；複合語］

من او را لایقِ این کار می دانم. man ū rā lāyeq-e īn kār mīdānam.

私は彼がこの仕事にふさわしいと知っています。［لایق　lāyeq　～にふさわしい］

ما اسم او را غلامرضا گذاشتیم. mā esm-e ū rā qolāmrezā gozāshtīm.

私たちは彼の名前をゴラームレザーと名付けました。

なお、トピックなど、強調したいものがあるときには、語順が変わることがあります。

بی عیب خدا است. bī 'eyb khodā ast.

完全なのは神だけです。［عیب　'eyb　欠点］

فردا را کسی ندیده است. fardā rā kasī nadīde'ast.

明日は誰も見たことがない。

複文では、کهで導かれる名詞節は動詞の後に置きます。

من به او گفتم که فردا به کلاس بیاید.
man be ū goftam ke fardā be kelās biyāyad.
私は彼に明日授業に来るように言いました。

می دانید که موزه ی فرش ساعت چند باز می شود؟
mīdānīd ke mūze-ye farsh sā'at-e chand bāz mīshavad?
（あなたは）絨毯博物館が何時に開くか知っていますか。
［موزه　mūze　美術館、博物館、فرش　farsh　絨毯］

2　数・人称・時制の不一致

آن مرد به محسن گفت من شما را نمی شناسم.
ān mard be mohsen goft man shomā rā nemīshenāsam.
その男はモフセン（男性）に「私はあなたを知らない」と言いました。

ペルシア語では、直接話法／間接話法の概念が薄く、間接話法となるべき که 節（که は省略される場合あり）内でも直接話法が用いられるなど、混用されることがしばしばです。

　以下の3つの文を参照してみましょう。

「サイードは明日行かないと言いました」

1) سعید گفت؛ «فردا نمی روم.»　　sa'īd goft; "fardā nemīravam."

2) سعید گفت که فردا نمی روم.　　sa'īd goft ke fardā nemīravam.

3) سعید گفت که فردا نمی رود.　　sa'īd goft ke fardā nemīravad.

　2）の文は、

「サイードは『明日僕（＝サイード）は行かないよ』と言いました」
「サイードは私（＝語り手）は明日行かないと言いました」

の2通りの意味となります。

　また、3）の文は、

「サイードは彼（＝サイード）は行かないと言いました」
「サイードは彼（＝別の人物）は行かないと言いました」

の2通りの意味を表します。

　ペルシア語では、このように直接話法と間接話法が混乱する例がしばしば見受けられます。このため、که 節の主語がどの人物に言及しているのかについては、前後関係から判断する必要があります。

　また、ペルシア語では、直接話法を که を使って間接話法に書き換えた場合でも、日本語と同様に、主文と従属節とで時制の一致が見られないのが普通です。

فکر می کردم که این کتاب مفید است.
fekr mīkardam ke īn ketāb mofīd ast.
　（私は）この本は役に立つと思っていました。［مفید　mofīd　役に立つ、有用な］

مادرتان گفت که حالتان خوب نیست.
mādarctān goft ke hāletān khūb nīst.
あなたのお母さんがあなたの具合が良くないと言いました。

او به من خبر نداد که کجا خواهد رفت.
ū be man khabar nadād ke kojā khāhad raft.
彼はどこに行くつもりか私に知らせませんでした。

او می دانست که تا چند دقیقه ی دیگر قطار به ایستگاه خواهد رسید.
ū mīdānest ke tā chand daqīqe-ye dīgar qatār be īstgāh khāhad resīd.
彼はあと数分で電車が駅に着くであろうことを知っていました。

دیروز وقتی که از مدرسه به خانه بازگشتم دیدم که پدر بزرگم آنجاست.
dīrūz vaqtī ke az madrase be khāne bāz gashtam dīdam ke pedar bozorgam ānjāst.
昨日（私が）学校から家に帰って来たら、（私の）祖父がそこ（＝家）にいることがわかりました。［باز گشتن　bāz gashtan　帰る］

3　ペルシア語でよく用いられる構文

ここでは、ペルシア語で比較的よく用いられる、いわゆる「サンドイッチ構文」と非人称構文について説明しておきます。これらの中には、やや特徴的な構造をとるものがあるので、よく慣れておく必要があります。

1）「サンドイッチ構文」

ペルシア語では、「～に入った」「～で忙しい」などの特定の形容詞に、対象となる名詞をエザーフェで結びつけて、動詞との間にはさみこむ形をとることが多くあります。

او واردِ اطاق شد.　ū vāred-e otāq shod.
彼女は部屋に入りました。

この構文は、以下のようにエザーフェの代わりに前置詞به「～に」で表されることもあります。

او وارد به اطاق شد. ū vāred be otāq shod.

او به اطاق وارد شد. ū be otāq vāred shod.

同様の例をみてみましょう。このタイプの構文をとる語は、مشغول mashqūl「〜で忙しい」、سرگرم sargarm「〜に熱中する」、گرفتار gereftār「〜で忙しい」、قابل qābel「〜できる」など、さまざまです。

مشغولِ خواندن کتاب است.
mashqūl-e khāndan-e ketāb ast.
（彼は）本を読むのに忙しいです。

حسین در پنجسالگی شروع به خواندن کرد.
hoseyn dar panj sālegī shorū' be khāndan kard.
ホセインは5歳で読むことを始めました。［شروع کردن shorū' kardan 始める］

زری در حالی که مشغولِ خوردنِ انار بود گفت.
zarī dar hālī ke mashqūl-e khordan-e anār būd goft.
ザリー（女性）はザクロを食べながら言いました。［انار anār ザクロ］

منتظرِ دیدنتان هستم.
montazer-e dīdanetān hastam.
（私は）あなたにお会いできるのを待っています。［منتظر montazer 待っている］

2）非人称構文

ペルシア語では、さまざまな形の非人称構文が用いられます。ペルシア語の非人称構文は、①感情・感覚を表す非人称構文、②判断を表す非人称構文、③一般的な主語を表す非人称構文、の3つに分けられます。

①感情・感覚を表す非人称構文

「気に入った」「喉が乾いた」「忘れた」「憶えている」などの、感情や感覚を表す特定の表現では、動作主が、文中の主語（文法的主語）でなく、人称代名詞接尾辞形や前置詞で表されて、「動作主に〇〇の状態がある（になっ

た)」と、一種の非人称構文をとって表されることがあります。

次の文をみてみましょう。

یادم رفته (است). yādam rafte (ast).　私は思い出せません。

この文は、直訳すると「私の記憶（یاد）が去ってしまった」の意味で、文法上の主語は「私の記憶」です。実質上の主語（＝動作主、論理上の主語）である「私」はیادに接続する人称代名詞接尾辞形で表されています。

この種の構文では、文法上の主語は感情や感覚を表す語になるため、以下のように、実質の主語（動作主）が誰であろうと、動詞は常に3人称単数形が対応するのが特徴です。

یادتان رفته (است)؟ yādetān rafte (ast)?
あなたは思い出せませんか。

類似の用法をみてみましょう。

از این رنگ خوشم آمد. az īn rang khosham āmad.
（私は）この色が気に入りました。

از این رنگ خوشتان آمد؟ az īn rang khoshetān āmad?
（あなたは）この色が気に入りましたか。

از هیچ کدام خوشم نمی آید. az hīch kodām khosham nemiyāyad.
（私は）どれも気に入りません。

آقا خروسه از صدای خودش خیلی خوشش میآمد.
āqā khorūse az sedā-ye khodash kheylī khoshesh miyāmad.
（その）オンドリさんは、自分の声がたいそう気に入っていました。
［... از az ...、خوش آمدن khosh āmadan ...が気に入る、خروس khorūs「オンドリ」+定の -e、خروسه khorūse］

در مسافرت به من خوش گذشت.
dar mosāferat be man khosh gozasht.
（私は）旅行は楽しかったです。

به شما) خوش گذشت؟)
(be shomā) khosh gozasht?
（あなたは）楽しかったですか。

انشاءالله بهتان خوش بگذرد!
enshā'allāh behetān khosh begozarad!
楽しいといいですね；楽しんでください。
　［انشاءالله　enshā'allāh　アッラーが望み給うならば、خوش گذشتن از ...　az ... khosh gozashtan　...を楽しむ］

خوابشان آمده است.　khābeshān āmade'ast.
（彼らは）眠くなってしまいました。

اسم او یادم نمی آید.
esm-e ū yādam nemiyāyad.
（私は）彼の名前が思い出せません。

چند سالش است؟　　chand sālash ast?　　（彼女は）何歳ですか。
گرسنه تان است؟　　gorosnetān ast?　　（あなたは）お腹が空きましたか。

　これ以外にも、ペルシア語では、やや異なるタイプの非人称構文がしばしば用いられます。たとえば、「〜したい」は、以下のように表すこともできます。

دلم می خواهد به ژاپن بروم.
delam mīkhāhad be zhāpon beravam.
私の心は私が日本に行くことを望んでいる；私は日本に行きたい。
　［دل　del　心、心臓］

　この文では、文法上の主語は「動作主（＝人称代名詞接尾辞形）の心（دل）」なので、動詞は上の例と同様、動作主が誰の場合でも常に3人称単数形になります。動作主は「心」に接続する人称代名詞接尾辞形で表されています。

②判断を表す非人称構文

　少しタイプが異なりますが、必要性や可能性、結果の是非などの判断をするような場合には、کهを用いた非人称構文が用いられます。この用法は、英語の仮主語itが用いられる構文に相当しますが、ペルシア語では、仮主語を置かずに直接何らかの判断を表す語句を置き、その後に判断の対象となるکه節を続けます。この際、「～が必要だ」「～が良い」などに対応する動詞は、常に3人称単数形になります。

　که節内の動詞は、事実かどうか不明な事象を述べる場合は接続法、反実仮想の場合は未完了過去形など、さまざまな形が用いられます。

　このような構文をとる表現には、لازم داشتن lāzem dāshtan「必要である」、امکان داشتن emkān dāshtan「可能である」、احتمال داشتن ehtemāl dāshtan「可能である」などがあります。

　لازم است که او را بیاورم.
　lāzem ast ke ū rā biyāvaram.
　（私が）彼女を連れてくることが必要です。

　امکان دارد که دوستم هم بیاید.
　emkān dārad ke dūstam ham biyāyad.
　私の友達も来るかもしれません。［امکان داشتن　emkān dāshtan　～の可能性がある］

　ممکن نیست که احمد با خودش این کار را کرده باشد.
　momken nīst ke ahmad bā khodash īn kār rā karde bāshad.
　アフマド（男性）が自分でこの仕事をしたはずはない。［ممکن　momken　可能な］

　خوب است که هر روز ورزش کنید.
　khūb ast ke har rūz varzesh konīd.
　毎日運動をするのは良い（こと）です。［ورزش کردن　varzesh kardan　運動する］

　بهتر است که امروز در خانه ام بمانید.
　behtar ast ke emrūz dar khāne'am bemānīd.
　今日は（あなたは）私の家にいる方が良いです。

بهتر بود که دیروز در خانه ام می ماندید.
behtar būd ke dīrūz dar khāne'am mīmāndīd.
昨日は（あなたは）私の家にいた方が良かったのに（実際はいなかった）。

او گفت : حیف است که چنین عقاب بیگناه و زیبا اسیر باشد.
ū goft: heyf ast ke chenīn 'oqāb-e bīgonāh-o zībā asīr bāshad.
彼は言いました：「このような罪もなく美しい鷲が捕らわれているのは嘆かわしいことだ」

［حیف heyf 哀れ、残念、عقاب 'oqāb 鷲、بیگناه bīgonāh 無実の、زیبا zībā 美しい、اسیر asīr 虜、捕虜）

بد نیست که بدانید روز دهم بهمن را ایرانیان قدیم جشن می گرفتند و آن را جشن سده می گفتند.
bad nīst ke bedānīd rūz-e dahom-e bahman rā īrānīyān-e qadīm jashn mīgereftand va ān rā jashn-e sade mīgoftand.
昔のイラン人たちがバフマン月の10日を祝い、（そのことを）「サデの祭り」と呼んでいたことを知っているのも悪くはないでしょう。

［بهمن bahman バフマン月（イラン暦11月）、قدیم qadīm 昔の、以前の、جشن گرفتن jashn gereftan 祝う］

به نظر می آید که برادر رضا از تهران خوشش آمد.
be nazar miyāyad ke barādar-e rezā az tehrān khoshesh āmad.
レザー（男性）の弟はテヘランを気に入ったようです。

［به نظر آمدن be nazar āmadan 〜に見える、〜のようだ］

به نظر می رسد که رکود اقتصادی تا مدتی ادامه خواهد داشت.
be nazar mīresad ke rokūd-e eqtesādī tā moddatī edāme khāhad dāsht.
不況はまだしばらく続きそうです。

［به نظر رسیدن be nazar resīdan 〜に見える、〜のようだ、رکود rokūd 停滞、不況、اقتصادی eqtesādī 経済の、ادامه داشتن edāme dāshtan 続く］

第27課　語順Ⅱ・数／人称／時制の不一致・非人称構文　237

مثل این (است) که من خیلی به او سخت گرفتم.
mesl-e īn (ast) ke man kheylī be ū sakht gereftam.
私は少し彼女に厳しすぎたようです。

　　[مثل این (است) که mesl-e īn (ast) ke　～のようだ、おそらく～だ（استはほとんどの場合省略されます）、به ... سخت گرفتن be ... sakht gereftan　～に厳しく接する］

③一般的な主語を表す非人称構文
　ペルシア語では、一般常識や客観的な真理・事実など、主語が特定の人称に限定されない事象について述べる際、می شود mīshavad/ می توان mītavān「～できる」、باید bāyad「～にちがいない、～すべきである」、شاید shāyad/ ممکن است momken ast「～かもしれない」などとともに、「～」の動作・事象を表す動詞を短い不定詞で表します。

با این ماشین می شود رفت؟
bā īn māshīn mīshavad raft?
この車で行かれますか。

این را نمی شود خورد.
īn rā nemīshavad khord.
これは食べられない。

این داستان را می توان کوتاه کرد.
īn dāstān rā mītavān kūtāh kard.
この話は短くすることができます。

با یک دست دو هندوانه بر نتوان داشت.
bā yek dast do hendevāne bar natavān dāsht.
　「片手でふたつの西瓜は持ち上げられない」＝大きなことを同時に成すことはできない（諺）［هندوانه hendevāne　スイカ］

第28課　派生語・複合語の作り方

　ペルシア語には、接辞によって作られる派生語と、単独でも用いられる語（語基）が組み合わさってできた複合語があります。特に複合語は、辞書に載っているような定着度の高い語以外にも、従来の語形成パターンに従って臨時に作られた語が用いられます。これらの造語のパターンを知っておくと、単語を覚える際やテキストを読む際に役立ちます。ここでは、ペルシア語の派生語と複合語の主な語構成のタイプをあげておきます。

1　派生語
　単語に、単独では用いられることのない派生接辞がついてできた語です。派生接辞には、接頭辞、接尾辞の2種類があります。これらの接辞は、続けて書かれる場合も離して書かれる場合もあり、特に基準はありません。

◇接尾辞
1）強勢のある-ī
　この-ī は強勢をともなうもので、「無強勢の-ī」とは機能が異なるため、混乱しないように注意する必要があります。この-ī の機能は以下の通りです。

①名詞について、形容詞や抽象名詞を作ります。

دست	dast	手	→	دستی	dastī	手の、手製の、手動の
خجالت	khejālat	恥	→	خجالتی	khejālatī	恥ずかしがりの
آب	āb	水	→	آبی	ābī	水の、青色の
علم	'elm	学問	→	علمی	'elmī	学術の
دوست	dūst	友人	→	دوستی	dūstī	友情
دولت	dowlat	政府	→	دولتی	dowlatī	国立の、国営の

239

国名に-īをつけると、「〜の、〜人」（一部で「〜語」）の意味になります。
語によって若干の不規則形があります。

ژاپن　zhāpon　日本　→　ژاپنی　zhāponī　日本の、日本人、日本語
ایران　īrān　イラン　→　ایرانی　īrānī　イランの、イラン人
فرانسه　farānse　フランス　→　فرانسوی　farānsavī　フランスの、フランス人、
　　　　　　　　　　　　　　　　　　　　　　　　　　フランス語（不規則形）

一部の名詞に-īをつけると、職業を表すことがあります。

نفت　naft　石油　→　نفتی　naftī　石油売り（= نفت فروش）

②名詞について、形容詞・副詞を作ります。

تلفن　telefon　電話　→　تلفنی　telefonī　電話の；電話で
کتاب　ketāb　本、書物　→　کتابی　ketābī　書きことばの；書きことばのように

③形容詞について、名詞を作ります。

بزرگ　bozorg　大きな　→　بزرگی　bozorgī　偉大さ
سبز　sabz　緑色の　→　سبزی　sabzī　野菜

/e/（サイレントのه）で終わる語には、هをとってگیをつけます。

خسته　khaste　疲れた　→　خستگی　khastegī　疲労
گرسنه　gorosne　空腹な　→　گرسنگی　gorosnegī　空腹
تشنه　teshne　喉が渇いた　→　تشنگی　teshnegī　渇き
زنده　zende　生きている　→　زندگی　zendegī　人生、生活

④動詞現在語幹の含まれた複合語について、抽象名詞を作ります。

نامه نگاری　　nāme-negārī　　手紙の書き方、文通、通信［نامه نگار　手紙を書く人、通信員 ← نامه　手紙 + نگاشتن　書く］

ماهی گیری　　māhī-gīrī　　釣り、漁業［ماهیگیر　漁師 ← ماهی　魚 + گرفتن　捕る］

دام پروری　　dām-parvarī　　牧畜業、畜産業［دام پرور　畜産業者 ← دام　家畜 + پروردن　養育する］

آدم کشی　　ādam-koshī　　殺人［آدم کش　殺人者 ← آدم　人間 + کشتن　殺す］

کوچ نشینی　　kūch-neshīnī　　遊牧［کوچ نشین　遊牧民 ← کوچ　移住、遊牧 + نشستن　住む］

* شناسی- （← شناختن「識る」）は「～学」の意味になります。

باستانشناسی　　bāstān-shenāsī　　考古学　［باستان　古代、昔］

زبانشناسی　　zabān-shenāsī　　言語学　［زبان　言語］

* فروشی- （← فروختن「売る」）は「～屋」（職業、またその場所）の意味になります。

کتاب فروشی　　ketāb-forūshī　　本屋　　　میوه فروشی　　mīve-forūshī　　果物屋

⑤不定詞について、「～すべき、～できる」などの形容詞をつくります。

خوردنی　　khordanī　　食べられる、食用の［خوردن　食べる］

باور کردنی　　bāvar kardanī　　信じられる［باور کردن　信じる］

2) ه -e

類似のものを表す語を作ります。

第28課　派生語・複合語の作り方　241

هفت 7 → هفته hafte 週

دست 手 → دسته daste 取っ手

زرد 黄色い + چوب 木材 → زردچوبه zardchūbe ターメリック

چشم 目 → چشمه cheshme 泉

「数字＋名詞」に -e がついた場合、形容詞になることがあります。

دو نفر 2人 → دو نفره do nafare 2人用の

3）指小辞 ک‍ -ak, چه‍ -che
名詞について、「小〜」の意味になります。

مردم 人々 → مردمک mardomak 瞳

چشم 目 → چشمک cheshmak まばたき、ウインク

عروس 花嫁 → عروسک 'arūsak 人形

دریا 海 → دریاچه daryāche 湖

کتاب 本 → کتابچه ketābche 冊子、パンフレット

کمان 弓 → کمانچه kamānche キャマーンチェ（楽器の名称）

4）بان‍ -bān 「〜の番人、〜を守る人」

باغبان bāqbān 庭師 [باغ 庭、庭園]

شتربان shotorbān ラクダ飼い [شتر ラクダ]

نگهبان negahbān 番人、見張り、監視人 [نگاه 「観察、注視」の短縮形]

5）دان‍ -dān 「〜の入れ物」

گلدان goldān 花瓶 [گل 花]

نمکدان　namakdān　塩入れ [نمک　塩]

قلمدان　qalamdān　筆箱 [قلم　ペン]

6）ستان ‿ -(e)stān「～の場所、～の地」

کردستان　kordestān　クルデスターン [کرد　クルド人]

بلوچستان　balūchestān　バルーチスターン [بلوچ　バルーチ人]

افغانستان　afqānestān　アフガニスタン [افغان　アフガン人]

ترکمنستان　torkamanestān　トルクメニスタン [ترکمن　トルクメン人]

گلستان　golestān　バラ園 [گل　花、バラ]

فرهنگستان　farhangestān　アカデミー [فرهنگ　文化、教養]

7）گاه - -gāh「～の場所」

دانشگاه　dāneshgāh　大学 [دانش　知識]

فرودگاه　forūdgāh　空港 [فرود　降下、着陸]

ایستگاه　īstgāh　駅、停留所 [ایست　停止]

دادگاه　dādgāh　裁判所 [داد　正義]

＊گاه には、例外的に単独用法「時、場所」もあります。

8）گر - -gar, گار - -gār, کار - -kār, چی - -chī「～する人」
多くは職業名を示す語となります。

ورزشکار　varzeshkār　スポーツ選手、運動家 [ورزش　運動、スポーツ]

کارگر　kārgar　労働者 [کار　労働、仕事]

پستچی　postchī　郵便配達人 [پست　郵便]

آموزگار　āmuz(e)gār　教員、教師［آموختن　教える、学ぶ］

9）ـَنده　-(a)nde「〜する人」
現在語幹とともに用いられます。

نویسنده　nevīsande　作家　←　-نویس「書く」

فرستنده　ferestande　送り主　←　-فرست「送る」

گیرنده　gīrande　受取人　←　-گیر「受け取る」

عبور کننده　'obūr konande　通行人　←　عبور کن-「通過する」

تهیه کننده　tahīye konande　制作者、プロデューサー
　　　　　　　　　　　　　　　←　تهیه کن-「準備する、供給する」

＊これらの語の複数形は ـگان となります。

نویسندگان　nevīsandegān　作家たち

عبور کنندگان　'obūr konandegān　通行人たち

10）ـا　-ā
形容詞について抽象名詞、または名詞や動詞語幹について形容詞を作ります。

گرما　garmā　暑さ［گرم　暑い］

توانا　tavānā　強い、有能な［توان　力］

دانا　dānā　学問がある、賢明な　←　-دان「知る」

11）مند　-mand
名詞につけて「〜を有する」の意味となります。

دانشمند　dāneshmand　学識ある

ثروتمند　sarvatmand　金持ちの［ثروت　富、財産］

علاقه مند　'alāqemand　興味がある［علاقه　興味］

کارمند　kārmand　会社員、職員

آرزومند　ārezūmand　願う、希望している［آرزو　希望］

12) ناک － -nāk「～に満ちている」

خطرناک　khatarnāk　危険な［خطر　危険］

وحشتناک　vahshatnāk　恐ろしい［وحشت　恐怖］

ترسناک　tarsnāk　怖い、恐ろしい［ترس　恐怖］

13) زار － -zār「～の多いところ」

لاله زار　lālezār　チューリップ園（原）［لاله　チューリップ］

مرغزار　marqzār　牧草地、草地［مرغ　牧草］

14) خوار － -khār「～を食べる（人、もの）」

پشه خوار　pashekhār　ヨタカ［پشه　蚊］

گوشت خوار　gūshtkhār　肉食性の［گوشت　肉］

15) انه － -āne「～のような、～のように」

دیوانه　dīvāne　狂気の［دیو　悪魔、鬼］

روزانه　rūzāne　毎日の、日々の

بچگانه　bachchegāne　子供らしい、子供っぽい、子供っぽく

16) گین － -gīn

名詞を形容詞化します。

غمگین　　qamgīn　悲しい［غم　悲しみ］

خشمگین　　khashmgīn　怒った、立腹した［خشم　怒り］

17) و － -ū「～の性質をもった」

名詞を形容詞化します。

ترسو　　tarsū　恐がり［ترس　恐怖］

شکمو　　shekamū　大食いの［شکم　腹］

18) ور － -var「～の性質をもった」

دانشور　　dāneshvar　学者［دانش　知恵、知識］

جانور　　jānvar　動物［جان　魂、生命］

19) ین － -īn「～の性質をもった」

名詞を形容詞化します。

زرین　　zarrīn　金の、黄金の［زر　黄金、金］

نمکین　　namakīn　塩気のある、魅力的な［نمک　塩］

20) ش ـ / ـ ش ـ -(e)sh/-(a)sh

現在語幹について、抽象名詞を作ります。

پرورش　　parvaresh　養育、教育　←　پرور－「養育する」

کوشش　　kūshesh　努力　←　کوش－「努力する」

فرمایش　　farmāyesh　命令　←　فرما－「命じる」

246

◇接頭辞

本来は前置詞や形容詞などの語が、複合語では接頭辞のように用いられているものもあります。

1）نا‬ nā-

名詞や動詞語幹の前について、否定を表します。

ناچیز	nāchīz	つまらない、とるに足らない
ناخوش	nākhosh	不快な［خوش‬ 心地よい、幸福な］
ناتوان	nātavān	弱い、虚弱な、無力な［توان‬ 力、能力］
ناراحت	nārāhat	不安な［راحت‬ 楽な］
نایاب	nāyāb	まれな、手に入りにくい ← یاب‬–「得る」
ناشناس	nāshenās	未知の ← شناس‬– 「識る」

2）با‬ bā- 「～をもった」

本来は前置詞ですが、ا‬ を含んだまま定着している語が多くみられます。

باهوش	bāhūsh	利口な［هوش‬ 知性、知能］
باصفا	bāsafā	楽しい［صفا‬ 楽しさ、喜び］
باسواد	bāsavād	読み書きができる［سواد‬ 読み書き能力、識字力］

3）بی‬ bī- 「～のない」

بی‬ と後続の名詞を離して書いても、続けて書いても構いません。

بی ادب	bī'adab	失礼な、無礼な［ادب‬ 礼儀］
بی کار	bīkār	無職の、怠惰な
بی سواد	bīsavād	読み書きができない、文盲の

第28課　派生語・複合語の作り方　247

بیچاره　　bīchāre　みじめな、哀れな［چاره　治療、救済法］

بی زَحْمَت　bīzahmat　苦労なく、面倒なく、容易な；どうぞ（依頼表現とともに）

روزه ی بی نماز، عروس بی جهاز، قرمه ی بی پیاز.
rūze-ye bīnamāz, 'arūs-e bījahāz, qorme-ye bīpiyāz.
「礼拝なしの断食、嫁入り道具なしの花嫁、タマネギなしのゴルメ」＝不完全な物事のたとえ（格言）［روزه　rūze　断食、نماز　namāz　礼拝、عروس　'arūs　花嫁、قرمه　qorme　ゴルメ（肉とタマネギを炒めた保存食）、پیاز　piyāz　タマネギ］

4）- هم　ham-「同じ〜の、相互の」

هماهنگ　hamāhang　調和した、合意した［آهنگ　曲、意向］

هموطن　hamvatan　同胞［وطن　祖国］

همکلاس　hamkelās　同級生［کلاس　授業］

همسایه　hamsāye　隣人［سایه　影、保護］

همسفر　hamsafar　旅の連れ、同行者［سفر　旅行］

همراه　hamrāh　同行者［راه　道、道のり］

5）- کم　kam-「〜が少ない」

کم حرف　kamharf　口数の少ない［حرف　話、言葉］

کم خون　kamkhūn　貧血の［خون　血液］

کم رنگ　kamrang　色の薄い（お茶など）

کم یاب　kamyāb　まれな、珍しい

کمبود　kambūd　不足、欠乏［بود　存在］

6） پر‑ por-「〜の多い」

پر حرف　porharf　おしゃべりな

پر رنگ　porrang　色の濃い

پر رو　porrū　生意気な、恥知らずの［رو　顔、表面、面子］

7） غیرِ‑ qeyr-e「非〜」
後続語との間にエザーフェをとります。

غیر مستقیم　qeyr-e mostaqīm　間接の［مستقیم　直接の］

غیر ممکن　qeyr-e momken　不可能な［ممکن　可能な］

2　複合語

　単独で用いられる語や動詞の語幹、過去分詞などが組み合わさってできた語です。複合語の各構成要素を続けて書くか、離して書くかには、特に決まりはなく、各々の語の慣例によります。なお、これらの複合語に、さらに上で説明した派生接辞がつく場合もあります。ペルシア語にみられる複合語の構成のタイプは以下の通りです。

　なお、この課では構造が分かりやすいように、要素の区切りを<->で表してあります。

◇外心構造的複合語
　「〜をもった（もの）」などのように、主体が複合語の外にあるもの。

　例：کج دم　サソリ＝まがった尾をもった（もの）

1） 後部要素が主要語となるもの
　形容詞（過去分詞を含む）＋名詞、名詞＋名詞などのタイプがあります。

سفید پوست　sefīd-pūst　白色人種の、白人［پوست　皮膚］

خوش اخلاق	khosh-akhlāq	気だての良い ［اخلاق 道徳，品行，性格］
بلبل زبان	bolbol-zabān	おしゃべりな ［بلبل 夜鳴きウグイス］
فارسی زبان	fārsī-zabān	ペルシア語を話す

2）前部要素が主要語となるもの

名詞＋形容詞（過去分詞を含む）、名詞＋前置詞句、名詞＋名詞などのタイプがあります。

تن درست	tan-dorost	健康な ［تن 身体］
دلتنگ	del-tang	悲しい、寂しい ［تنگ 狭い，窮屈な，寂しい］
چشم و دل پاک	cheshm-o-del-pāk	正直な ［پاک 清潔な，清浄な］
بخت برگشته	bakht-bargashte	不運な ［بخت 運］
شانه به سر	shāne-be-sar	ヤツガシラ ［شانه 櫛］
خاک بر سر	khāk-bar-sar	不運な ［خاک 土，埃，ちり］
پا در هوا	pā-dar-havā	根拠のない、不安定な

3）反復複合語

前部要素が繰り返されたもの。前部要素と後部要素の間に前置詞や接中辞 ا/ā/が入る場合があります。

ریزه ریزه	rīze-rīze	細かく刻んだ ［ریزه 小片］
لا به لا	lā-be-lā	幾重もの、多重 ［لا 折り目，層］
سراسر	sarāsar	至る所、すべて
رنگارنگ	rangārang	いろいろの、さまざまの
تک تک	tak-tak	1つ1つ、別々に；少しの

4）同格複合語
　前部要素と後部要素が同格関係にあるもの。「前部要素と後部要素の両方の性格を併せ持った」という意味になります。

شتر گاو پلنگ　shotor-gāv-palang　キリン［شتر　ラクダ、گاو　ウシ、پلنگ　ヒョウ］

مار ماهی　mār-māhī　ウナギ［مار　ヘビ、ماهی　魚］

◇内心構造的複合語
　外心構造をもたない複合語、構成要素が内心構造をなすもの。

1）主要語が後部要素となるもの
①後部要素が動詞語幹
a. 前部要素が動詞要素の主語となるもの

چشم رس　cheshm-ras　視界　　خدا پسند　khodā-pasand　神意にかなう

یخ بسته　yakh-baste　氷に閉ざされた

b. 前部要素が動詞要素の目的語となるもの
　ペルシア語の複合語の中で、最も多いタイプです。

آب کش　āb-kesh　ふるい、ざる

دروغ گو　dorūq-gū　うそつき

دزد گیر　dozd-gīr　盗難警報機

قند شکن　qand-shekan　ガンド割り（道具）［قند　チャーイ専用の砂糖］

آسیب دیده　āsīb-dīde　被災した；被災者［آسیب　害、災害］

حال نادار　hāl-nā-dār　病気の

c. 前部要素が動詞要素の手段・動作主となるもの

دست نویس　dast-nevīs　手書きの

d. 前部要素が動詞要素の場所を示すもの

چادر نشین　chādor-neshīn　遊牧民［چادر　テント］

خاک زی　khāk-zī　陸生の

e. 前部要素が動詞要素の目的格補語となるもの

پاک کن　pāk-kon　黒板消し、消しゴム［پاک کردن　消す］

f. 目的語＋目的格補語＋動詞要素

上のb.のタイプで、動詞要素の間に目的格補語をとるもの。道具の名称になる語が多くあります。

مداد پاک کن　medād-pāk-kon　消しゴム［مداد　鉛筆］

سر باز کن　sar-bāz-kon　栓抜き

g. 過去語幹が動詞要素になるもの

複合動詞の名詞化したような形が多くみられます。

یادداشت　yād-dāsht　覚え書き、メモ

پیشامد　pīsh-āmad　事件、出来事

بر آمد　bar-āmad　支出、消費

h. 過去分詞が動詞要素になるもの

上記g.で動詞要素が過去分詞になったものです。

بر آمده　bar-āmade　突き出た、現れた

فراموش شده　farāmūsh-shode　忘れられた

i. 前部要素が動詞要素に副詞的にはたらくもの

بلند گو　boland-gū　拡声器　　تیزبین　tīz-bīn　明敏な［تیز　鋭い］

②後部要素が名詞
a. 形容詞＋名詞

 خشکسال khoshk-sāl　干魃(かんばつ)［خشک　乾燥した］

 رنگین کمان rangīn-kamān　虹［رنگین　着色した、کمان　弓］

 زرد آلو zard-ālū　アンズ［زرد　黄色い、آلو　スモモ，プラム］

b. 名詞＋名詞

 آب انبار āb-anbār　貯水池、貯水槽［انبار　倉庫］

 بیمه نامه bīme-nāme　保険証書［بیمه　保険］

 کتابخانه ketāb-khāne　図書館

 یخچال yakh-chāl　冷蔵庫、氷室［یخ　氷、چال　穴、くぼみ］

c. 動詞語幹＋名詞

 شناس نامه shenās-nāme　身分証明書

d. 前置詞・副詞＋名詞

 برنامه bar-nāme　番組、計画、スケジュール

 زیر زمین zīr-zamīn　地下室

 پس فردا pas-fardā　明後日

2）主要語が前部要素にあるもの
①エザーフェによって連結されたもの

 تختخواب takht-e khāb　ベッド تخم مرغ tokhm-e morq　鶏卵

②エザーフェが脱落したもの

 ته دیگ tah-dīg　おこげ［ته　底、دیگ　鍋，釜］

راه آهن　　rāh-āhan　　鉄道

سیب زمینی　　sīb-zamīnī　　ジャガイモ

3）並列複合語

　名詞＋名詞、動詞語幹＋動詞語幹など、語類が等しい組み合わせが並列されて接続詞وによって連結されたものが多くあります（接続詞は-oと読みます）。

آب و نان　　āb-o-nān　　生計の手段、糧

جزر و مد　　jazr-o-madd　　潮の干満

سر و صدا　　sar-o-sedā　　騒音

رفت و آمد　　raft-o-āmad　　往来

شست و شو　　shost-o-shū　　洗濯

بخور و نمیر　　bokhor-o-namīr　　ごく少ない、かつかつの
　　　　　　　　　　　　　　　［خوردن　食べる、مردن　死ぬ］

گرگ و میش　　gorg-o-mīsh　　薄明かり、夕間暮れ（オオカミと雌羊の見分けが
　　　　　　　　　　　　　　　つかないような薄暗い時間帯）
　　　　　　　　　　　　　　　［گرگ　オオカミ、میش　雌羊］

4）その他

　数は多くはありませんが、文複合語などがあります。

مرا فراموش مکن　　marā-farāmūsh-makon　　ワスレナグサ

تازه به دوران رسیده　　tāze-be-dowrān-resīde　　成り上がり者、成金

第29課　口語表現

　これまでの課では、主に書き言葉として用いられる、ペルシア語の文語体を中心に説明をしてきました。ただし、ペルシア語には文語体のほかに、主に会話表現で用いられる口語体があります。

　日本語で言われる「口語」は、しばしば「くだけた、インフォーマルな」という印象を与えることがありますが、ペルシア語の口語表現は、もちろん程度はあるものの、このような否定的な意味合いをもつことはありません。口語体は、「話し言葉」のような意味合いで、日常会話はもちろん、あらたまった場面でも幅広く用いられており、口語体によって敬語を用いることも可能です。

　口語体は、発音、動詞、語順などの点で、文語体とかなり異なる点がありますので、以下に特徴をまとめておきます。

1　発音上の特徴

1）-ān- → -ūn- ／ -ām- → -ūm-

آن	ān	→ ūn	あれ、あの
خانه	khāne	→ khūne	家
کدام	kodām	→ kodūm	どれ、どの
آمدن	āmadan	→ ūmadan	来る（不定詞）
قلیان	qalyān	→ qeliyūn	水タバコ

ただし、単語によっては-ān/-ūmが保たれる場合があります。

سلام	salām (×salūm)	こんにちは
اسلام	eslām (×eslūm)	イスラーム

255

2）語末の-ar → -e

اگر	agar → age	もし
مگر	magar → mage	〜でなければ
دیگر	dīgar → dīge	他の
آخر	ākhar → ākhe	最後、最後の

3）語頭以外の/h/の弱化・脱落

　口語体では、hは単語の先頭にある場合を除いて、かなり弱めに発音され、語末では脱落することがしばしばあります。語中では、hが弱化あるいは脱落した場合でも、hが本来存在する部分を含めた全体の長さを保つために、前後の母音が長めに発音されることがあります。また、hが脱落することで母音連続が生じる場合には、hの代わりに軽い声立て(/'/)が聞かれる場合があります。

شاه	shāh → shā	王
شهر	shahr → shaar	都市、市
بچه ها	bachche-hā →	bachche'āあるいはbachcheā　子供（複数）
		（さらにbachchāとなることがあります）
چیز ها	chīz-hā → chīzā	もの、こと（複数）

　強意の副詞 هم ham は、前の語に続いて読まれる場合には語頭のhが脱落します。

من هم	man ham → manam
این هم	īn ham → īnam
شما هم	shomā ham → shomām

4）語末の -ndの/d/は脱落することがあります。

چند　chand　→　chan　いくつ

5）/'/の脱落

①/'/（わたり音を含む）は、特に母音間ではしばしば脱落しますが、/'/が脱落しても前後の母音が長音化することはなく、音節の切れ目は保たれます。

مطالعه　motāle'e　→　motālee　学習、勉強

طبیعی　tabī'ī　→　tabīī　自然の、天然の

②母音＋/'/＋子音の位置に現れる/'/は、脱落した場合、前の母音が長めに発音されます。

بعد　ba'd　→　baad　後　　شعر　she'r　→　sheer　詩

③語末の/'/は脱落して、その前の母音が長めに発音されることがあります。

جمع　jam'　→　jaam　集合、合計　　شمع　sham'　→　shaam　ろうそく

6）語末の-eにa-で始まる語が接続して-e-aとなるとき、-aと発音されます。

بچه اش　bachche-ash　→　bachchash

خانه هم　khāne ham　→　khūne-am　→　khūnam

2　動詞活用形の短縮

口語体では、動詞人称語尾の音が変わるほか、特定の動詞では短縮形が用いられます。

1）動詞人称語尾Ⅱは、3人称単数形-adは-e、2人称複数形-īdは-īnになります。

می کند	mīkonad	→	mīkone
بزند	bezanad	→	bezane
می روید	mīravīd	→	mīravīn
بخورید	bekhorīd	→	bekhorīn/bokhorīn

2）بودن 現在形第１活用の３人称単数形 است は-eになります。

خیلی بزرگ است	kheylī bozorg ast	→	kheylī bozorge	
کی است	kī ast	→	kiye	誰ですか
چی است	che ast	→	chiye	何ですか

ただし、کجاست kojāst「どこですか」などのように、kojā-eとはならないものもあります。

3）母音で終わる現在語幹に接続する動詞人称語尾Ⅱは以下のようになります。

	単数	複数
1	-m	-ym
2	-y	-yn
3	-d	-n(d)

4）接続法現在形と命令形の接頭辞be-は、後に続く動詞語幹が/o/を含む場合、この影響でbo-に変わることがあります。

| بخوری | bekhorī | → | bokhorī |
| بگذار | begozār | → | bogozār |

5）動詞語幹の短縮

　一部の動詞については、現在語幹の一音節分を省略し、短縮することがあります。過去語幹についてはこのような縮約は起こりません。下に頻度の高いものをあげておきます（آمدنについては、動詞人称語尾の前のわたり音が省略されます）。

رو rav- → ra-	شو shav- → sh-	آ ā-	گو gū- → g-
mīram	mīsham	miyām	mīgam
mīrī	mīshī	miyāy	mīgī
mīre	mīshe	miyād	mīge
mīrīm	mīshīm	miyāym	mīgīm
mīrīn	mīshīn	miyāyn	mīgīn
mīran(d)	mīshan(d)	miyān(d)	mīgan(d)

آور āvar- → ār-	ده dah- → d-	گذار gozār- → zār-	نشین neshīn- → shīn-
miyāram	mīdam	mīzāram	mīshīnam
miyārī	mīdī	mīzārī	mīshīnī
miyāre	mīde	mīzāre	mīshīne
miyārīm	mīdīm	mīzārīm	mīshīnīm
miyārīn	mīdīn	mīzārīn	mīshīnīn
miyāran(d)	mīdan(d)	mīzāran(d)	mīshīnan(d)

شکن shekan- → shkan-	توان tavān- → tūn-	خواه khāh- → khā-
mīshkanam	mītūnam	mīkhām
mīshkanī	mītūnī	mīkhāy
mīshkane	mītūne	mīkhād
mīshkanīm	mītūnīm	mīkhāym
mīshkanīn	mītūnīn	mīkhāyn
mīshkanan(d)	mītūnan(d)	mīkhān(d)

6）人称代名詞接尾辞形

上であげた発音上の規則に従うと、母音で終わる単語に接続する場合の人称代名詞接尾辞形の口語発音形は以下の通りになります。

	単数	複数
1	-m	-mūn
2	-t	-tūn
3	-sh	-shūn

cheshe? (=چه اش است؟) 彼はどうしたの？（口語文中で）

7）後置詞 را

子音で終わる語に続く場合、-oとなり、前の語に続けて発音されます。

من را man rā → mano

کتابتان را ketābetān rā → ketābetūno

اینرا īn rā → īno

منزلش را manzelash rā → manzelasho

8）現在完了形3人称単数形のاستは省略されます。

برایتان نامه آمده. barāyetūn nāme āmade. あなたに手紙が来ていますよ。

9）疑問代名詞 چه che は chī、که ke はkīとなります。

ただし、疑問形容詞としてのچهと、چهを含む複合疑問詞ではcheのまま音が保たれます（چقدر cheqadr, چطور chetowrなど）。ちなみに、cheqadrはcheqad(d)/chaqad(d)と発音されます。

10) 方向や目的を表す前置詞句は、動詞の後に置かれることがあります。この場合、بهなどの前置詞は省略されることがあります。

من به بازار می روم.

man be bāzār mīravam → mīram bāzār　私はバザールに行きます。

11) 関係詞文では、先行語が本文の直接目的語になる場合、関係詞که節の前に出るべきراが関係詞節の後に置かれることがあります。

کتابی را که دیروز به من نشان دادید کجا خریدید؟

→ کتابی که دیروز به من نشان دادید را کجا خریدید؟

ketābī ke dīrūz be man neshun dādīn rā kojā kharīdīn?

（あなたは）昨日私に見せた本をどこで買いましたか。

12) 条件文におけるاگرの省略

口語では、条件文でもاگرがしばしば省略されることがあります。

بخواهید موفق شوید، باید کار کنید.

bekhāyn movaffaq shīn, bāyad kār konīn.

（あなたが）成功したいなら、働かなくてはいけないよ　[موفق　movaffaq　成功した]

بخواهید، می آیم.

bekhāyn, miyām.

（あなたが）望むなら、（私は）来ますよ。

第30課　敬語表現

　ペルシア語では、日本語と同様に、敬語表現が頻繁に用いられます。ペルシア語の敬語には、尊敬語と謙譲語があり、動詞、人称代名詞、前置詞などが、場面に応じて使い分けられます。この他に、婉曲表現なども頻繁に用いられます。かつては、敬語は、相手の年齢や社会階級による上下関係に応じて使われていましたが、現在では、上下関係がなくとも、近親者や親友以外の相手に対しては敬語を使うなど、より幅広い場面で用いられるようになっています。

　相手が家族や親友など、親しい相手以外には、単数の相手に対しても人称代名詞と動詞には2人称複数形を使うこと、また、話題となる人物が同席する場合などには、単数の人物にも3人称複数形を用いることは、これまでに述べてきた通りです。この課では、これ以外で、日常生活でもよく聞かれる表現を中心に、ペルシア語の敬語について学びます。

1　人称代名詞・敬称・呼びかけ

1）人称代名詞

　本来は単数形の対象に対して複数形を用いると、より丁寧な表現になることは、人称代名詞独立形の課で説明した通りです。

　1人称については、本来は複数形のماにさらに複数語尾をつけたماهاは、1人称複数形（「私たち」）に対する謙譲表現として用いられることがあります。

　同様に2人称についても、本来は複数形のشماにさらに複数語尾がついたشماهاが、2人称複数形（「あなたがた」）に対する尊敬語として用いられることがあります。

2）敬称

- آقای ...āqā-ye... / ... خانم khānom-e ...「～さん」

男性にはآقا、女性にはخانمが用いられます。آقا, خانمは本来は「紳士」「淑女、婦人」を表す男性／女性に対する敬称です。名字や称号の前に置いて、エザーフェで結ぶと「〜さん」という意味になります。

آقای واحدی　āqā-ye vāhedī　　ヴァーヘディーさん（男性）

خانم پاشایی　khānom-e pāshāyī　　パーシャーイーさん（女性）

آقای دکتر　āqā-ye doktor（男性）／ خانم دکتر　khānom-e doktor（女性）
（医者、博士に対する尊称）

また、名前とともに用いて「〜さん」という意味を持たせることもあります。この場合は、通常は名前に後置されます。名前によっては慣例的に前置することがありますが、この場合は、名字の場合と異なり、エザーフェは用いられません。

مریم خانم　maryam khānom　マルヤムさん

علی آقا　'alī āqā　アリーさん　　آقا رضا　āqā rezā　レザーさん

- سرکار خانم　sarkār(-e) khānom（女性に対する尊称）
- جناب／جناب آقا　jenāb-e āqā／jenāb（男性に対する尊称）

一段高い尊称です。身分や名字と併用することもできます。

سرکار خانم طاهری　sarkār(-e) khānom-e tāherī

جناب آقای دکتر نصیری　jenāb-e āqā-ye doktor nasīrī

- 2人称に対する尊称としては、جنابعالی jenāb'ālīも用いられます。
- メッカ巡礼者に対する尊称

حاجی آقا　hājī āqā（男性）　　حاجی خانم　hājī khānom（女性）

メッカ巡礼者を行った人物に対する称号ですが、特にメッカ巡礼者でなくても、高齢者に対する敬意を表したり、相手をもちあげたりする場合に用いられることがあります。

3）謙譲表現を表す自称

1人称複数形に対する謙譲表現には、手紙などに用いられるاينجانب īnjāneb「当方」などや、会話で使われるبنده bande「小生」などがあります。ただし現在では、特にبندهなどの表現を使うと、へりくだりすぎた印象になることがあります。敬語表現に慣れるまでは、謙譲表現より尊敬表現を用いて敬意を表す方がよいでしょう。

2　動詞
1）尊敬を表す動詞

ペルシア語の敬語表現では以下のような動詞が尊敬を表す特有の動詞としてよく用いられます。

تشریف داشتن	tashrīf dāshtan	いらっしゃる
تشریف آوردن	tashrīf āvardan	来られる
تشریف بردن	tashrīf bordan	行かれる
فرمودن	farmūdan	仰る
لطف کردن	lotf kardan	くださる
مرحمت دادن	marhamat kardan	くださる　など

فرمودنは複合動詞のکردنやدادنの代わりに用いて、尊敬を表すことがあります。

2）謙譲を表す動詞

عرض کردن	'arz kardan	申し上げる

خدمت ... رسیدن　khedmat-e ... resīdan　伺う

تقدیم کردن　taqdīm kardan　差し上げる、献上する

3　婉曲表現・定型表現
1）依頼を表す表現

　ペルシア語では、何かを依頼する場合などには、命令形をそのまま使うことを避ける傾向があります。その代わりに、命令形とともに依頼の副詞を用いて印象をやわらげたり、接続法現在形を用いることができるような表現を用いた婉曲的な言い換えが好まれます。

- لطفاً lotfan「どうぞ（～してください）」

  لطفاً ساعت هفت به فرودگاه بیایید.
  lotfan sā'at-e haft be forūdgāh biyāyīd.
  7時に空港に来てください。

- لطف کنید lotf konīd...「すみませんが...」／
  بی زحمت bī zahmat ...「すみませんが...」

  何か用事を頼む際などに用いられます。

  لطف کنید این فرم را پر کنید و به دفتر ببرید.
  lotf konīd īn form rā por konīd-o be daftar bebarīd.
  すみませんが、この書類に記入して、事務所に持っていってください。
  ［فرم　form　書類、پر کردن　por kardan　埋める、記入する］

  بی زحمت پنجره را ببندید.
  bīzahmat panjare rā bebandīd.
  すみませんが、窓を閉めてください。

- 「もし可能ならば...」
  اگر ممکن است ... agar momken ast ... ／اگر می شود ... agar mīshe ...

- خواهش می کنم khāhesh mīkonam「(〜してくださるよう) お願いします」
- بفرمایید befarmāyīd「どうぞ (〜してください)」

  丁寧というよりは、勧誘の意味で用いられます。

  بفرمایید! befarmāyīd! どうぞ！(何かを勧める場合、ドアをノックされた場合など)

  بفرمایید راحت باشید! befarmāyīd rāhat bāshīd! どうぞお楽にしてください。

- ممکن است ...؟ momken ast ... ?/ می شود ...؟ mīshavad ...?
  لطفاً می شود ...؟ lotfan mīshavad ... ?/ می شود لطفاً ...؟ mīshavad lotfan ...?
  ممکن (است) لطفاً ...؟ momken (ast) lotfan ...?「〜は可能ですか？」

  接続法現在形とともに用いられます。口語発音では、می شودはmīshe、ممکن استはmomkeneとなります。

  ممکن است با آقای مجیدی صحبت کنم؟
  momken ast bā āqā-ye majīdī sohbat konam?
  マジーディーさん（男性）とお話できますか。

  می شود لطفاً از این اطاق استفاده کنم؟
  mīshavad lotfan az īn otāq estefāde konam?
  この部屋を使用してもいいですか。

4　間投詞

ペルシア語では、口語でよく用いられる間投詞や、あいづちには以下のような表現がみられます。間投詞には、ストレスが語頭にくる語もあります。

1）呼びかけ

ای ey, یا yāなどが用いられます。

ای خدا ey khodā　おお、神よ

خدا یا	khodáyā	おお、神よ
یا علی	yā 'alī	よいしょっ、せーの（＝ああ、アリーよ）

＊「よいしょっ」と荷物を持ち上げたり、立ち上がったりするとき、また複数の人で「1、2の3」のようにタイミングを合わせる場合に使います。

یا الله	yā allāh	すみません（＝ああ、アッラーよ）

＊室内に入った際の挨拶などに用います。ぞんざいに発音した場合には「すみません、どいたどいた」など、人をよけさせる意味になります。

2）驚き、賞賛、悲しみ

عجب	'ajab	まあ（驚き）
به به	bah bah	おやおや（賞賛）
آفرین	āfarīn	よくやった、えらい！（ストレスは語頭）
احسن	ahsan	よくやった！
احسنت	ahsant	よくやった！
وای/ای وای	ey vāy /vāy	まあ！（なんてことだ）
آه	āh	ああ（ため息）
آخ	ākh	ああ（ため息）、痛い
افسوس	afsūs	あわれ
حیف	heyf	残念
اوخ!	ūkh!	痛っ！
ای بابا!	ey bābā!	驚きなどを表すときに使います。
نه، بابا!	na, bābā!	冗談調の打ち消しに使います。

3）返答、あいづち

بله	bale	はい
آره	āre	うん（かなりくだけた返答になります）
نه	na	いいえ
خیر / نخیر	nakheyr /kheyr	いいえ
خوب	khob	①「うん、それで」（相手の話を肯定的に聞くときのあいづち） ②「さあ、さて」
صحیح	sahīh	そうですね（肯定的なあいづち）［صحیح　正しい］
درست است.	dorost ast	そうですね（肯定的なあいづち）［درست　正しい］

＊ 口語発音は doroste になります。

4）その他

...، نه؟	..., na?	でしょ？（肯定文に続けて）
مگر نه؟	magar na?	〜ではないのですか？
و الله	va allāh	神にかけて：本当だよ
به خدا	be khodā	神にかけて：本当だよ
ترا خدا	torā khodā	本当に（＝神をあなたに） （何かを依頼するときに用います）
خدا را شکر!	khodā rā shokr!	良かった、ありがたい！（＝神に感謝を）
الحمدلله	alhamdolellāh	おかげさまで
بسم الله	besmellāh	神の御名において （何かを始める前に用いられます）

巻末資料

動詞活用形一覧

以下に、本書であげた動詞活用形の一覧をあげておきます。

زدن　zadan「打つ」：過去語幹− زد　zad-

　　　　　　　　　　現在語幹− زن　zan-（命令形以外は3人称単数形）

■過去語幹から作る活用形

単純過去形	過去語幹＋動詞人称語尾Ⅰ	زد	zad
未完了過去形	می＋単純過去形	می زد	mīzad
過去進行形	داشتن単純過去形＋未完了過去形	داشت می زد	dāsht mīzad
過去分詞	過去語幹＋ه	زده	zade
現在完了形	過去分詞＋بودن現在形第1変化	زده است	zade'ast
現在完了継続形	می＋現在完了形	می زده است	mīzade'ast
過去完了形	過去分詞＋بودن単純過去形	زده بود	zade būd
接続法完了形	過去分詞＋بودن接続法現在形	زده باشد	zade bāshad
受動構文	過去分詞＋شدن活用形	زده شد（過去）	zade shod

■現在語幹から作る活用形

命令形	بـ＋現在語幹＋無語尾／ـید	بزن/بزنید	bezan/bezanīd
直説法現在形	می＋現在語幹＋動詞人称語尾Ⅱ	می زند	mīzanad
現在進行形	داشتن現在形＋直説法現在形	دارد می زند	dārad mīzanad
接続法現在形	بـ＋現在語幹＋動詞人称語尾Ⅱ	بزند	bezanad
現在分詞	現在語幹＋-ان	زنان	zanān

■不定詞系

不定詞	-تن／-دن	زدن	zadan
短い不定詞	（形の上では過去語幹と同じ）	زد	zad
未来形	خواه-＋動詞人称語尾Ⅱ＋短い不定詞	خواهد زد	khāhad zad

一般動詞現在語幹一覧

آفریدن	āfarīdan	آفرین-	āfarīn-	創造する
آراستن	ārāstan	آرا-	ārā-	飾る
آزمودن	āzmūdan	آزما-	āzmā-	試す
آلودن	ālūdan	آلا-	ālā-	汚す
آمدن	āmadan	آ-	ā-	来る
آموختن	āmūkhtan	آموز-	āmūz-	学ぶ、教える
آمیختن	āmīkhtan	آمیز-	āmīz-	混ぜる
آوردن	āvardan	آور-	āvar-	もってくる
آویختن	āvīkhtan	آویز-	āvīz-	吊す
ارزیدن	arzīdan	ارز-	arz-	価値がある
افتادن	oftādan	افت-	oft-	落ちる
افزودن	afzūdan	افزا-	afzā-	増やす、増える
افکندن	afkandan	افکن-	afkan-	投げる
انداختن	andākhtan	انداز-	andāz-	投げる
اندیشیدن	andīshīdan	اندیش-	andīsh-	考える
انگیختن	angīkhtan	انگیز-	angīz-	扇動する
ایستادن	īstādan	ایست-	īst-	立つ、停まる
باختن	bākhtan	باز-	bāz-	負ける
باریدن	bārīdan	بار-	bār-	（雨・雪などが）降る

بافتن	bāftan	باف-	bāf-	織る
بایستن	bāyestan	بای-	bāy-	〜ねばならない
بخشیدن	bakhshīdan	بخش-	bakhsh-	救す
بردن	bordan	بر-	bar-	もっていく
بریدن	borīdan	بر-	bor-	切る
بستن	bastan	بند-	band-	閉める
بودن	būdan	باش-	bāsh-	である、いる
بوسیدن	būsīdan	بوس-	būs-	接吻する
پاشیدن	pāshīdan	پاش-	pāsh-	まく、ふりかける
پختن	pokhtan	پز-	paz-	料理する
پذیرفتن	pazīroftan	پذیر-	pazīr-	受け入れる
پراکندن	parākandan	پراکن-	parākan-	ばらまく
پرداختن	pardākhtan	پرداز-	pardāz-	支払う
پرسیدن	porsīdan	پرس-	pors-	たずねる
پریدن	parīdan	پر-	par-	飛ぶ
پسندیدن	pasandīdan	پسند-	pasand-	気に入る
پوشیدن	pūshīdan	پوش-	pūsh-	着る
پیچیدن	pīchīdan	پیچ-	pīch-	包む、曲がる
پیمودن	peymūdan	پیما-	peymā-	計る、旅行する
پیوستن	peyvastan	پیوند-	peyvand-	つなぐ
تابیدن	tābīdan	تاب-	tāb-	輝く

تاختن	tākhtan	تاز–	tāz-	攻撃する
تافتن	tāftan	تاب–	tāb-	ねじる
تراشیدن	tarāshīdan	تراش–	tarāsh-	削る、剃る
ترسیدن	tarsīdan	ترس–	tars-	恐れる
توانستن	tavānestan	توان–	tavān-	〜できる
جستن	jastan	جه–	jah-	跳ぶ
جستن	jostan	جو–	jū-	探す
جنبیدن	jonbīdan	جنب–	jonb-	動く
جوشیدن	jūshīdan	جوش–	jūsh-	沸く
جویدن	javīdan	جو–	jav-	噛む
چرخیدن	charkhīdan	چرخ–	charkh-	回転する
چسبیدن	chasbīdan	چسب–	chasb-	くっつく
چیدن	chīdan	چین–	chīn-	摘む、並べる
خاریدن	khārīdan	خار–	khār-	かゆい
خاستن	khāstan	خیز–	khīz-	起きる
خریدن	kharīdan	خر–	khar-	買う
خندیدن	khandīdan	خند–	khand-	笑う
خوابیدن	khābīdan	خواب–	khāb-	眠る
خواستن	khāstan	خواه–	khāh-	欲する
خواندن	khāndan	خوان–	khān-	読む、詠む
خوردن	khordan	خور–	khor-	食べる、飲む

دادن	dādan	ده-	dah-/deh-	与える
داشتن	dāshtan	دار-	dār-	持つ
دانستن	dānestan	دان-	dān-	知る
دوختن	dūkhtan	دوز-	dūz-	縫う
دوشیدن	dūshīdan	دوش-	dūsh-	乳を搾る
دویدن	davīdan	دو-	dav-/dow	走る
دیدن	dīdan	بین-	bīn-	見る
راندن	rāndan	ران-	rān-	運転する
ربودن	robūdan	ربا-	robā-	奪う
رسیدن	rasīdan/resīdan	رس-	ras-/res-	着く
رشتن/ریستن	rīstan/reshtan	ریس-	rīs-	紡ぐ
رفتن	raftan	رو-	rav-/row	行く
رقصیدن	raqsīdan	رقص-	raqs-	踊る
رستن/روییدن	rūyīdan/rostan	رو-	rū-	生える
ریختن	rīkhtan	ریز-	rīz-	注ぐ、こぼす：こぼれる
زدن	zadan	زن-	zan-	打つ、叩く
زیستن	zīstan	زی-	zī-	生きる
ساختن	sākhtan	ساز-	sāz-	作る
سپردن	sepordan	سپار-	sepār-	託す
ستودن	sotūdan	ستا-	setā-	称賛する
سرودن	sorūdan	سرا-	sarā-	歌う

سنجیدن	sanjīdan	سنج-	sanj-	計る、測る
سوختن	sūkhtan	سوز-	sūz-	燃える、燃やす
شایستن	shāyestan	شای-	shāy-	～にふさわしい
شتافتن	shetāftan	شتاب-	shetāb-	急ぐ
شدن	shodan	شو-	shav-/show	～になる
شستن	shostan	شو-	shū-	洗う
شکستن	shekastan	شکن-	shekan-	壊れる、壊す
شمردن	shomordan	شمار-	shomār-	数える
شناختن	shenākhtan	شناس-	shenās-	識る
شنیدن	shenīdan	شنو-	shenav-/shenow	聞く
طلبیدن	talabīdan	طلب-	talab-	求める
فرستادن	ferestādan	فرست-	ferest-	送る
فرمودن	farmūdan	فرما-	farmā-	命じる
فروختن	forūkhtan	فروش-	forūsh-	売る
فشردن	feshordan	فشار-	feshār-	押す
فهمیدن	fahmīdan	فهم-	fahm-	理解する
کاستن	kāstan	کاه-	kāh-	減る
کاشتن	kāshtan	کار-	kār-	播く
کردن	kardan	کن-	kon-	～する
کشتن	koshtan	کش-	kosh-	殺す
کشیدن	kashīdan/keshīdan	کش-	kash-/kesh-	引く

کندن	kandan	کن-	kan-	掘る
کوبیدن/کوفتن	kūftan/kūbīdan	کوب-	kūb-	たたく
گداختن	godākhtan	گداز-	godāz-	溶ける、溶かす
گردیدن	gardīdan	گرد-	gard-	回る、なる
گریختن	gorīkhtan	گریز-	gorīz-	逃げる
گزیدن	gazīdan	گز-	gaz-	噛む
گزیدن	gozīdan	گزین-	gozīn-	選ぶ
گذاشتن	gozāshtan	گذار-	gozār-	置く
گذشتن	gozashtan	گذر-	gozar-	過ぎる
گرفتن	gereftan	گیر-	gīr-	取る、得る
گستردن	gostardan	گستر-	gostar-	拡げる
گشتن	gashtan	گرد-	gard-	回る、なる
گشودن	goshūdan	گشا-	goshā-	開く
گفتن	goftan	گو-	gū-	言う
گماشتن	gomāshtan	گمار-	gomār-	任命する
لرزیدن	larzīdan	لرز-	larz-	震える
مالیدن	mālīdan	مال-	māl-	こする
ماندن	māndan	مان-	mān-	とどまる、残る
مردن	mordan	میر-	mīr-	死ぬ
نامیدن	nāmīdan	نام-	nām-	名付ける
نشستن	neshastan	نشین-	neshīn-	座る

نگاشتن	negāshtan	نگار-	negār-	描く
نواختن	navākhtan	نواز-	navāz-	奏でる、可愛がる
نوشتن	neveshtan	نویس-	nevīs-	書く
نوشیدن	nūshīdan	نوش-	nūsh-	飲む
نمودن	namūdan/nemūdan	نما-	namā-	示す
نهادن	nehādan	-ه	neh-	置く
یافتن	yāftan	یاب-	yāb-	得る

主要な複合動詞一覧

1）名詞＋動詞，形容詞＋動詞

- آمدن
  - پدید آمدن　padīd āmadan　現れる　　پسند آمدن　pasand āmadan　気に入る
  - خوش آمدن　khosh āmadan　気に入る　　یاد آمدن　yād āmadan　思い出す
- آوردن
  - جمع آوردن　jam' āvardan　集める
- افتادن
  - اتفاق افتادن　ettefāq oftādan　起こる　　راه افتادن　rāh oftādan　出発する
- بردن
  - لذت بردن　lezzat bordan　楽しむ　　نام بردن　nām bordan　名前を挙げる
- بستن
  - یخ بستن　yakh bastan　凍る
- خواندن
  - درس خواندن　dars khāndan　勉強する、学ぶ
  - نماز خواندن　namāz khāndan　礼拝する
- خوردن
  - تکان خوردن　tekān khordan　揺れる　　زمین خوردن　zamīn khordan　倒れる
  - سرما خوردن　sarmā khordan　風邪をひく　　غم خوردن　qam khordan　悲しむ
  - شکست خوردن　shekast khordan　負ける

- دادن

اجازه دادن	ejāze dādan	許可する	ادامه دادن	edāme dādan	続ける
انجام دادن	anjām dādan	成し遂げる、行う			
تخفیف دادن	takhfīf dādan	値引きする			
توضیح دادن	towzīh dādan	説明する	جواب دادن	javāb dādan	答える
خبر دادن	khabar dādan	知らせる	درس دادن	dars dādan	教える
قرار دادن	qarār dādan	取り決める	قول دادن	qowl dādan	誓う
نشان دادن	neshān dādan	見せる			

- داشتن

امکان داشتن	emkān dāshtan	可能である	انتظار داشتن	entezār dāshtan	期待する
دوست داشتن	dūst dāshtan	好む、愛する	عجله داشتن	'ajale dāshtan	急ぐ
قرار داشتن	qarār dāshtan	位置する	وجود داشتن	vojūd dāshtan	存在する
لازم داشتن	lāzem dāshtan	必要とする			
میل داشتن	meyl dāshtan	好む	نگاه داشتن	negāh dāshtan	保つ

- زدن

آتش زدن	ātesh zadan	火をつける			
چانه زدن	chāne zadan	値引きする、負けさせる			
حدس زدن	hads zadan	推測する	حرف زدن	harf zadan	話す
دست زدن	dast zadan	触れる	گول زدن	gūl zadan	欺く
سر زدن	sar zadan	立ち寄る	قدم زدن	qadam zadan	歩く
زنگ زدن	zang zadan	電話をかける、鐘を鳴らす；鐘が鳴る、錆びる			

- شدن

اعلام شدن	e'lām shodan	発表される	بلند شدن	boland shodan	起きる
بیدار شدن	bīdār shodan	目覚める	پیاده شدن	piyāde shodan	降りる
پیدا شدن	peydā shodan	見つかる	تمام شدن	tamām shodan	終わる
جدا شدن	jodā shodan	分かれる、別れる			
جمع شدن	jam' shodan	集まる	سوار شدن	savār shodan	乗る
عصبانی شدن	'asabānī shodan	怒る			
متولد شدن	motavalled shodan	生まれる			
معلوم شدن	ma'lūm shodan	明らかになる			
مشغول شدن	mashqūl shodan	従事する	گرفتار شدن	gereftār shodan	捕まる
عوض شدن	'avaz shodan	変わる	وارد شدن	vāred shodan	入る

- کردن

احساس کردن	ehsās kardan	感じる	اذیت کردن	azīyat kardan	いじめる
ازدواج کردن	ezdevāj kardan	結婚する			
استراحت کردن	esterāhat kardan	休憩する			
استفاده کردن	estefāde kardan	使う	اشتباه کردن	eshtebāh kardan	間違える
اعلام کردن	e'lām kardan	発表する	بازی کردن	bāzī kardan	遊ぶ
باور کردن	bāvar kardan	信じる			
پر کردن	por kardan	一杯にする			
پیدا کردن	peydā kardan	見つける	تقدیم کردن	taqdīm kardan	提出する
تحصیل کردن	tahsīl kardan	学ぶ	ترجمه کردن	tarjome kardan	訳す

تعجب کردن	ta'ajjob kardan	驚く		تکرار کردن	tekrār kardan	繰り返す
تمام کردن	tamām kardan	終える		حرکت کردن	harakat kardan	出発する
خاموش کردن	khāmūsh kardan	消す		خراب کردن	kharāb kardan	壊す
دیر کردن	dīr kardan	遅れる		روشن کردن	rowshan kardan	点ける
زندگی کردن	zendegī kardan	住む		سرخ کردن	sorkh kardan	炒める
سعی کردن	sa'ī kardan	努める、努力する				
شروع کردن	shorū' kardan	始める		صحبت کردن	sohbat kardan	話す
فراموش کردن	farāmūsh kardan	忘れる		فکر کردن	fekr kardan	考える
فوت کردن/ شدن	fowt kardan/shodan	死ぬ（kardan/shodan両方可）				
قبول کردن	qabūl kardan	認める		کار کردن	kār kardan	働く
کمک کردن	komak kardan	助ける		گوش کردن	gūsh kardan	聞く
مقایسه کردن	moqāyese kardan	比べる		نگاه کردن	negāh kardan	見つめる

- کشیدن

خجالت کشیدن	khejālat keshīdan	恥じる
زحمت کشیدن	zahmat keshīdan	苦労する
سیگار کشیدن	sīgār keshīdan	喫煙する
طول کشیدن	tūl keshīdan	時間がかかる

- گذاشتن

احترام گذاشتن	ehterām gozāshtan	敬意を払う
نام گذاشتن	nām gozāshtan	名づける

- گرفتن
  - تصمیم گرفتن　tasmīm gereftan　決める、決心する
  - جشن گرفتن　jashn gereftan　祝う　　روزه گرفتن　rūze gereftan　断食する
  - قرار گرفتن　qarār gereftan　位置する　یاد گرفتن　yād gereftan　習う
- یافتن
  - ادامه یافتن　edāme yāftan　続く　　پایان یافتن　pāyān yāftan　終わる

2）前置詞の副詞的用法，副詞＋動詞

- بر
  - بر خاستن　bar khāstan　立ち上がる　بر خوردن　bar khordan　遭遇する
  - بر داشتن　bar dāshtan　取り上げる、脱ぐ
  - بر گشتن　bar gashtan　帰る
- در
  - در آمدن　dar āmadan　出てくる　در آوردن　dar āvardan　取り出す
  - در خواستن　dar khāstan　頼む　در گذشتن　dar gozashtan　亡くなる
  - در ماندن　dar māndan　困窮する　در یافتن　dar yāftan　理解する
- باز
  - باز گشتن　bāz gashtan　帰る　　باز ماندن　bāz māndan　後れる、残る
- پیش
  - پیش آمدن　pīsh āmadan　起こる　پیش آوردن　pīsh āvardan　提出する
  - پیش بردن　pīsh bordan　勝つ　　پیش رفتن　pīsh raftan　進む、進歩する

- その他

پس دادن	pas dādan	返す	
فراهم کردن	farāham kardan	用意する	
واگذاشتن	vā gozāshtan	ゆだねる	
فرا رسیدن	farā resīdan	達する	
فرو رفتن	forū raftan	沈む	
وادار کردن	vādār kardan	説得する	

3）前置詞句＋動詞

از بین رفتن	az beyn raftan	なくなる
از دست دادن	az dast dādan	なくす
به دست آوردن	be dast āvardan	手に入れる
به دست آمدن	be dast āmadan	手に入る
از سر گرفتن	az sar gereftan	再び始める
به نظر آمدن	be nazar āmadan	〜に見える
به دنیا آمدن	be donyā āmadan	生まれる
بکار آمدن	be kār āmadan	役に立つ
بکار بردن	be kār bordan	利用する
بکار رفتن	be kār raftan	使われる
بسر بردن	be sar bordan	過ごす
بدرد خوردن	be dard khordan	役に立つ
بهم خوردن	be ham khordan	ぶつかる
بشمار رفتن	be shomār raftan	数えられる

イランの暦・月名・曜日

　現在のイランでは、イラン暦（ヒジュラ太陽暦）、イスラーム暦（ヒジュラ暦）、西暦がカレンダーに併記されています。イラン暦、イスラーム暦はどちらも、622年のヒジュラ（聖遷）を起点にしていますが、イラン暦は太陽暦、イスラーム暦は太陰暦で数えられます。このため、イスラーム暦は1年がイラン暦に比べて約11日短くなります。また、現在のイランでは、日常生活や業務の基本になっているのは、イラン暦（ヒジュラ太陽暦）です。イラン暦では、新年（نوروز nowrūz）は春分の日から始まります。

　通常の祝祭日はイラン暦、アーシューラーなどのイスラームに関連する宗教行事や祝祭日はイスラーム暦にのっとって行なわれています。

　西暦をイラン暦に直すには、イラン暦では春分の日（ノウルーズ）で年がかわるため、西暦の3月20日以前は西暦から622年、3月21日以降は621年を引くと、イラン暦の年を出すことができます。ちなみに、西暦2025年は3月20日が春分の日ですので、3月19日まではイラン暦で1403年、3月20日以降は1404年となります。イラン暦（هجری شمسی hejrī-ye shamsī）は هـ.ش.、イスラーム暦（هجری قمری hejrī-ye qamarī）は هـ.ق.と略記されます。

■イラン暦の月名（هجری شمسی）

・فصل بهار　fasl-e bahār　春（فصل「季節」）

1月(3/21-4/20)	فروردین	farvardīn
2月(4/21-5/21)	اردیبهشت	ordībehesht
3月(5/22-6/21)	خرداد	khordād

・فصل تابستان　fasl-e tābestān　夏

4月(6/22-7/22)	تیر	tīr
5月(7/23-8/22)	مرداد	mordād
6月(8/23-9/22)	شهریور	shahrīvar

- فصل پاییز fasl-e pāyīz　秋

    7月 (9/23-10/22)　　　مهر　　　mehr

    8月 (10/23-11/21)　　　آبان　　　ābān

    9月 (11/22-12/21)　　　آذر　　　āzar

- فصل زمستان fasl-e zemestān　冬

    10月 (12/22-1/20)　　　دی　　　dey

    11月 (1/21-2/19)　　　بهمن　　　bahman

    12月 (2/20-3/20)　　　اسفند　　　esfand

■イスラーム暦の月名

    1月　　　محرم　　　moharram

    2月　　　صفر　　　safar

    3月　　　ربیع الاول　　　rabī' ol-avval

    4月　　　ربیع الثانی　　　rabī' os-sānī

    5月　　　جمادی الاول　　　jomādī ol-avval

    6月　　　جمادی الثانی　　　jomādī os-sānī

    7月　　　رجب　　　rajab

    8月　　　شعبان　　　sha'bān

    9月　　　رمضان　　　ramazān

    10月　　　شوال　　　shavvāl

    11月　　　ذیقعده　　　zīqa'de

    12月　　　ذیحجه　　　zīhajje

■西暦の月名

西暦は、イランではあまり使われませんが、カレンダーには併記されています。

1月	ژانویه	zhānvīye		7月	ژوئیه	zhū'īye
2月	فوریه	fevrīye		8月	اوت	'ūt
3月	مارس	mārs		9月	سپتامبر	septāmbr
4月	آوریل	āvrīl		10月	اکتبر	oktobr
5月	مه	me		11月	نوامبر	novāmbr
6月	ژوئن	zhū'an		12月	دسامبر	desāmbr

■曜日

شنبه	shanbe	土曜日
یکشنبه	yekshanbe	日曜日
دوشنبه	doshanbe	月曜日
سه شنبه	seshanbe	火曜日
چهارشنبه	chahārshanbe	水曜日
پنجشنبه	panjshanbe	木曜日
جمعه	jom'e	金曜日

曜日を表す語に複数語尾の ها‐ をつけると、「毎週〇〇曜日」の意味になります。

موزه ها جمعه ها تعطیل است.　mūzehā jom'ehā ta'tīl ast.
博物館（複数）は毎週金曜日はお休みです。

参考文献

　本書は、あいさつなどの日常表現や、古典文学を読むのに必要な用法、また、CDなどによる音声は収録していません。このため、以下に参考書となるペルシア語文法書を目的別にあげておきます。

■参考書
・文字の書き方
　中村公則『新版らくらくペルシア語文法＋会話』国際語学社、2005年（付録の「初級ペルシア文字教室」など、文字の書き方に関する説明が充実）

・日常表現・会話表現
　Rafiee, Abdi, *Colloquial Persian.* Routledge, 2010.（特に口語を学びたい人に。CD版もあり）

・特に古典ペルシア語に関する文法事項
　黒柳恒男『ペルシア語四週間』大学書林、1982年.

・その他
　藤元優子／ハーシェム・ラジャブザーデ『ペルシア語手紙の書き方』大学書林、2000年（豊富な用例に加え、手紙を書く際に用いる敬語表現が詳説されている）
　勝藤猛／ハーシェム・ラジャブザーデ『ペルシア語ことわざ用法辞典』大学書林、1993年.

・海外で出版されているペルシア語文法書
　Alavi, B. and M. Lorenz, *Langenscheidts Praktisches Lehrbuch Persisch, Ein Standardwerk für Anfänger.* Langenscheidt, 1967（最新版1999）.
　Lambton, A.K.S., *Persian Grammar.* Cambridge University Press, 1971.（やや古典的）
　Lazard, Gilbert, *Grammar of Contemporary Persian.* Mazda Publishers,

1992.（仏語版オリジナル*Grammaire du persan contemporain*の英訳版、特に統語論関連の事項を確認したい場合にお薦め）

Lazard, Gilbert. *Grammaire du persan contemporain,* nouvelle édition, avec la collaboration de Yann Richard, Rokhsareh Hechmati et Pollet Samvalian, Tehran, 2006.

Thackston, W.M., *An Introduction to Persian.* (Revised 4th Edition), IBEX Publishers, 2009.（初級中心だがバランスのとれた文法書、改訂版も定期的に出版されている）

■辞典
・ペルシア語－日本語辞書
ペルシア語－日本語の辞書は、黒柳恒男による一連のペルシア語—日本語・日本語－ペルシア語辞書があり、さまざまな版が出ています。初学者に比較的使いやすい版として、以下を推薦します。
黒柳恒男『ペ日・日ペ現代ペルシア語辞典（合本）』大学書林、1998年.

・その他の言語によるペルシア語辞書
複数の版が出ているものについては、最新版をあげておきます。

Aryanpur-Kashani, 'Abbas. *The Combined New Persian-English and English-Persian Dictionary.* Mazda Publishers, 1986.

Haim, S., *Persian English Dictionary.* Hippocrene Books, 1993.

——, *English Persian Dictionary.* Hippocrene Books, (2nd ed.) 1993.

Lazard, Gilbert. *Dictionnaire persan-francais.* avec l'assistance de Mehdi Ghavam-Nejad. E.J.Brill, 1990.（口語発音を確認したいときに便利）

Steingass, F., *A Comprehensive Persian English Dictionary.* (Revised, Enlarged, and Entirely Reconstructed Edition), Nataraj Books, 2010.（古典を読むのに必携、ただし現代発音や現代の用例は確認できない）

・ペルシア語—ペルシア語辞書
انوری، حسن. فرهنگ بزرگ سخن. تهران، انتشارات سخن. ۱۳۸۱.
（8巻本。近年発刊が相次ぐペルシア語－ペルシア語辞書の中では，際だってレベルが高い。収録語数を落とした2巻本版*Farhang-e Feshorde-ye Sokhan*、1巻本 *Farhang-e Rūz-e Sokhan*も出ている）

دهخدا، علی اکبر. لغتنامهٔ دهخدا. تهران، مؤسسه انتشارات دانشگاه تهران. ۱۳۷۷.
(通称Loghatnāme。新装版は16巻本。ペルシア語辞書では最も大部。ペルシア語—ペルシア語ではまず筆頭に名前があがる辞書)

معین، محمد. فرهنگ فارسی. مؤسسهٔ انتشارات امیر کبیر. ۱۳٤۲-۵۲.
(6巻本。第5、6巻は固有名詞を収録。語学辞書というよりは，百科事典的な性格が強い)

文法項目索引

fathe *20*
hamze *16, 22*
kasre *20, 21, 39*
sokūn *21*
tanvīn *23, 228*
tashdīd *21*
zamme *20, 21*

あ
アラビア語起源の名詞 *22, 23, 28*
イントネーション *36, 88*
エザーフェ *39-45, 49, 59, 60, 61, 64, 80, 96, 128, 131, 136-139, 146, 217-221, 232, 249, 253, 263*

か
加減乗除 *222*
過去
　過去完了形 *119, 122, 123, 172, 195, 213, 269*
　過去語幹 *53-56, 67, 103, 109, 119, 158, 165, 175, 252, 259, 269*
　過去進行形 *54, 106-108, 269*
　過去分詞 *119, 120, 122, 124, 125, 156, 171, 222, 249, 250, 252, 269*
　単純過去形 *54-58, 68, 73, 76, 77, 103, 118, 159, 163, 269*
間接話法 *231*
感嘆文 *147*
祈願文 *157, 213, 214*
疑問詞 *36, 51, 88-94, 134, 260*
疑問文 *36-38, 88, 155*
強勢のある-ī *47, 60, 92, 239*
敬語 *30, 115, 255, 262, 264*
形容詞 *75, 83, 88, 89, 119, 124, 125, 127, 129-134, 138, 141, 142, 144, 147, 148, 178, 218, 225, 227, 232, 239-242,*
244, 246, 247, 249, 250, 260, 277
指示形容詞 *29, 30, 43*
現在
　現在語幹 *53, 54, 67-71, 73, 109, 113-116, 126, 149-154, 158, 161, 165, 175, 241, 244, 246, 258, 259, 269*
　現在進行形 *54, 73, 74, 107, 108, 269*
　現在分詞 *67, 126, 127, 186, 269*
　現在完了形 *119, 120, 122, 172, 195, 260, 269*
　現在完了継続形 *123, 124, 269*
口語 *16, 24, 36, 43, 51, 52, 88, 90, 92, 96, 99, 100, 154, 167, 180, 198, 213, 223, 255-257, 260, 261, 266, 268*
後置詞 *51, 88, 89, 92, 144, 180, 183, 260*
語順 *35, 36, 43, 81, 143, 229, 230, 255*

さ
最上級 *43, 141, 142, 145-147*
サイレントの。 *18, 24, 27, 40, 48, 63, 141, 240*
サンドイッチ構文 *232*
子音 *13-15, 17-22, 24, 40, 48, 53, 257, 260*
使役 *175, 176*
時制 *109, 158, 164, 167, 171, 176, 209, 212, 230, 231*
主語 *29, 35, -37, 59, 60, 65, 66, 128, 133, 164, 173, 174, 229, 231, 233-236, 238, 251*
受動 *124, 171, 173-175, 269*
条件文 *157, 209-212, 214, 261*
小数 *221*
助動詞 *149, 154, 157, 158, 164, 169, 170*
数 *29-31, 36, 129, 146, 220, 230*

数詞　*43, 51, 96, 217, 220, 222, 223*
　基数詞　*215, 218*
　序数詞　*43, 217-220*
　助数詞　*93, 222-224*
ストレス　*25, 26, 31, 32, 34, 35, 38, 39, 43, 47, 54, 55, 61, 68, 69, 76, 90, 93, 103, 109, 110, 113, 114, 119, 120, 122, 126, 141, 149, 150, 152, 156, 168, 171, 189, 209, 227, 266, 267*
接続詞　*42, 64, 86, 164, 187-208, 254*
接続法　*76, 149, 158, 166, 197, 200, 201, 207-209, 236*
　接続法完了形　*114, 119, 149, 156, 157, 164, 165, 167, 168, 170, 172, 209, 211, 269*
　接続法現在形　*54, 67, 68, 149-152, 154-156, 158, 164, 165, 168, 172, 176, 192, 196, 204, 209, 258, 265, 266, 269*
接頭辞　*68, 87, 103, 113, 149, 152, 153, 172, 185, 239, 247-249, 258*
接尾辞　*24, 47, 60, 214, 239-246*
前置詞　*44, 59, 61, 75, 80-87, 91, 108, 115-131-140, 144, 160, 181, 196, 199, 229, 232, 233, 247, 250, 253, 261, 262, 281, 282*
　単純前置詞　*80, 136*
　複合前置詞　*80, 138-140*

た
代名詞　*36, 43-45, 178, 227*
　再帰代名詞　*51, 128*
　指示代名詞　*30, 50, 51, 61, 178, 180, 181, 183, 199*
　人称代名詞　*30, 51, 52, 60, 61, 85, 113, 128, 129, 178, 180, 262*
　人称代名詞接尾辞形　*61-66, 73, 79, 82, 85, 92, 118, 138, 140, 143, 147, 233-235, 260*
　人称代名詞独立形　*30, 61, 262*
　不定代名詞　*93, 131, 134, 183*

直説法現在形　*31, 54, 65, 67, 68, 70-73, 77, 120, 149, 158, 161, 171, 211, 269*
直接話法　*231*
定　*51, 81*
定の-e　*52, 234*
動詞人称語尾　*36, 70, 73, 109, 110, 113, 257, 259*
　動詞人称語尾I　*54, 68, 269*
　動詞人称語尾II　*68, 113, 149, 257, 258, 269*

な
二重主語構文　*66*
人称　*30, 31, 36, 109, 158, 164, 197, 230, 238*

は
倍数　*222*
派生語　*239*
発音記号　*19-21, 88*
反実仮想　*105, 108, 170, 203, 209, 212-214, 236*
比較級　*141-147*
日付の表わし方　*220*
否定疑問文　*37, 38*
非人称構文　*109, 197, 214, 232-238*
複合語　*42, 83, 85, 126, 239, 241, 247, 249-251, 254*
複合動詞　*75, 76, 78, 79, 103, 110, 114, 115, 118, 119, 149-153, 174, 252, 264, 277*
副詞　*23, 43, 74, 75, 95, 101, 102, 129, 132, 136, 138, 141, 144, 146, 147, 167, 168, 170, 189, 219, 225, 240, 252, 253, 265, 281*
　副詞句　*85, 112, 160, 162*
　副詞節　*190, 192-194, 204, 205, 227*
　強意の副詞　*78, 192, 225, 256*
　肯定・否定に関わる副詞　*225*
　時に関わる副詞　*95, 212*

場所・空間を表す副詞　*99*
　　頻度・回数を表す副詞　*99*
　　方法・様態を表す副詞　*101*
　　量・程度を表す副詞　*100*
　　類似の様態を表す副詞　*227*
　　アラビア語起源の副詞　*22, 23, 225, 228*
不定　*47, 47, 129*
不定詞　*45, 53, 59, 60, 66, 67, 109, 119, 175, 241, 255, 269*
　　短い不定詞　*109, 112, 238, 269*
部分否定　*100*
分数　*221*
母音　*13, 16-19, 21, 24, 25, 27, 32, 34, 39, 40, 53, 56, 61-63, 69, 256-258, 260*
　　半母音　*17, 18*
補語　*35, 59, 142, 191, 229*
　　目的格補語　*229, 252*

ま
未完了過去形　*54, 103, 105-108, 124, 160, 162, 163, 167, 170, 172, 203, 212-214, 236, 269*
未来形　*109, 110, 112, 172, 209, 269*
無強勢の-ī　*47-51, 78, 89, 92, 98, 123, 129, 130, 134, 148, 178, 179, 239*
命令形　*67, 76, 113-118, 153, 209, 258, 265, 269*
目的語　*35, 45, 59-61, 66, 74, 79-82, 85, 108, 112, 118, 136-140, 144, 160, 162, 191, 229, 251, 252*
　　直接目的語　*51, 52, 65, 73, 78, 79, 81, 88, 89, 92, 180, 229, 261*
　　間接目的語　*65, 73, 79, 229*

や・わ
呼びかけ　*25, 266*
わたり音　*13, 24, 25, 27, 32, 33, 40, 48, 56, 62, 63, 68-70, 115, 153, 257, 259*
割合　*222*

ペルシア語索引

ここでは文法と関連の深いペルシア語単語について、説明されている項目ページをあげておきます（例文ページは除く）。

آن ān：指示形容詞29, 指示代名詞30, エザーフェ43, 後置詞راとの併用51-52, 比較表現144, 関係詞181-183, 接続詞（強調構文）192, 口語表現255
آنچه ānche：関係詞183
آنقدر ānqadr：接続詞202, 副詞228
آنکه ānke：関係詞183-184, 接続詞199-205
آنها ānhā →人称代名詞独立形30, 指示代名詞30
آیا āyā：語順Ⅰ 36
ا- -ā：強調を表す接尾辞214, 派生接辞244
-ا- -ā-：わたり音
از az：前置詞Ⅰ 80-82, ازをとる動詞81-82, 比較表現142-147, 接続詞200-204
است ast →بودن直説法現在形第2変化, 口語表現258, 260
اگر agar：接続詞205-206, 条件文209, 口語表現256, 261, 敬語表現265-266
اگر چه agar che：接続詞205-206
اما ammā：接続詞189, 203
ان- -ān：現在分詞126-127
ان- -ān：使役動詞175-176
ان- -ān：複数語尾　名詞26-28, 名詞化（形容詞29）
او ū →人称代名詞独立形
ایشان īshān →人称代名詞独立形
این īn：指示代名詞30, 指示形容詞29, エザーフェ43, 後置詞را 51-52, 接続詞（強調構文）191-192
اینکه īnke：接続詞199-205
اینها īnhā：指示代名詞30
ب be：動詞接頭辞（命令形113, 接続法現在形149）

ب be- →前置詞به
با bā：前置詞Ⅰ 82-84, 接続詞202-203, 派生接辞247
باد bād →بودن祈願法214
باید bāyad →بایستن
بایستن bāyestan：助動詞Ⅱ 164-168, 非人称構文238
بدون bedūn(-e)：前置詞Ⅱ 136, 接続詞204
بر bar：前置詞Ⅰ 84
بر, باز, در bar, bāz, darを含む複合動詞：命令形115, 接続法現在形152-153
برای barāye：前置詞Ⅱ 136, 接続詞201
بلکه balke：接続詞190
بودن būdan：直説法現在形（第1変化31, 第2変化34, 第3変化71）, 単純過去形58, 命令形114, 現在完了形120, 過去完了形122, 現在完了継続形123, 接続法現在形151, 接続法完了形156, 未完了過去形（条件文）212-213, 祈願法214 他
به be：前置詞Ⅰ 84-85, 前置詞Ⅱ 137, 139-140 他, 接続詞200-207, 口語表現（前置詞の省略）261
بی bī：前置詞Ⅰ 87, 接続詞204, 派生接辞247-248
-ت -(a)t/-(e)t →人称代名詞接尾辞形
تا tā：前置詞Ⅰ 85-86 他, 比較構文143-144, 接続詞196-198, 201, 助数詞93-94, 223-224
-تان -(e)tān →人称代名詞接尾辞形
-تر -tar：比較表現141-147
-ترین -tarīn：エザーフェによる連結43, 比較表現141-147
تمام tamām：不定に関わる表現131-132, 比較構文145-146
تو to →人称代名詞独立形
توانستن tavānestan：助動詞Ⅰ 158-164,

293

非人称構文238
جز joz：前置詞Ⅰ87, 接続詞204
چ- che-/cha-：→疑問詞چه（省略形89他）
چرا cherā：否定疑問文に対する返答37-38, 疑問詞93
چقدر cheqadr/chaqadr：疑問詞90, 感嘆文147-148
چنان chenān/chonān：副詞Ⅰ100, 接続詞202-203, 副詞Ⅱ227
چند chand：疑問詞93, 不定に関わる表現134-135, 接続詞205-206, 口語表現257
چندان chandān：副詞Ⅰ100, 接続詞202
چنین chenīn/chonīn：副詞227
چه che：疑問詞88-90, 感嘆文147-148, 接続詞206-207, 口語表現258
چه- -che：派生接辞242
چون chūn：前置詞Ⅱ137, 接続詞198-199, 副詞Ⅱ227
چی chī →疑問詞چه
چی- -chī：派生接辞243
چیز chīz：不定に関わる表現130-135, 関係詞184
خواستن khāstan：未来形109-112, 助動詞Ⅰ158-164, 口語表現259
خود khod：再帰代名詞128-129
د- -(a)d→動詞人称語尾Ⅰ68, 口語表現257
داشتن dāshtan：直説法現在形70-71, 現在進行形73, 未完了過去形103, 過去進行形106-108, 命令形114-115, 接続法現在形151-152, 未完了過去形212（条件文）
در dar：前置詞Ⅰ86, 前置詞Ⅱ139-140
دیگر dīgar：不定に関わる表現133, 比較構文145-146, 副詞Ⅰ95-96, 副詞Ⅱ226, 口語表現256
را rā：定に関わる表現51-52, 疑問詞との併用81, 関係詞文180-181,183, 口語表現260
زیرا zīrā：接続詞201

ست- -st →است
ش- -(a)sh/-(e)sh→人称代名詞接尾辞形, 口語表現257
ش- -(a)sh/-(e)sh：派生接辞246
شان- -(e)shān →人称代名詞接尾辞形
شاید shāyad
شایستن shāyestan：接続法完了形との用法157, 助動詞Ⅱ168-170, 非人称構文238
شدن shodan：命令形116, 接続法現在形（شدنを含む複合動詞）153, 受動表現171-175, 非人称構文238, 口語表現259, 敬語表現266
شما shomā →人称代名詞独立形, 敬語表現262
عجب 'ajab：感嘆文147-148, 間投詞267
کاش/کاشکه/کاشکی kāsh/kāshke/kāshkī：祈願文213-214
کجا kojā：疑問詞91-92, 不定に関わる表現132, 関係詞185
کدام kodām：疑問詞92-93, 不定に関わる表現132-133, 関係詞184, 口語表現255
کردن kardanを含む複合動詞：命令形115, 接続法現在形152-153
کس kas：不定に関わる表現129-134, 関係詞184-185
کو kū →疑問詞کجا
که ke：疑問詞90, 関係詞178, 接続詞190他
کی kī →疑問詞که
کی key：疑問詞91
گان- -gān →複数語尾ان-
گاه gāh：不定に関わる表現133-134, 関係詞186
گاه- -gāh：派生接辞243
گذاشتن gozāshtan：命令形116, 使役構文176-177, 語順Ⅱ229-230, 口語表現259
اگر چه gar che →چه
گی- -gī →強勢のあるī-
لیکن līkan：接続詞189

م- -(a)m →人称代名詞接尾辞形
م- -(a)m بودن直説法現在形第1変化
م- -(a)m →動詞人称語尾Ⅰ, Ⅱ
م- -(o)m：序数詞218-221
-ـم- ma- ن（命令形）
ما mā →人称代名詞独立形, 敬語表現262
مان -(e)mān→人称代名詞接尾辞形
مبادا mabādā：接続詞208
مگر magar：接続詞205, 口語表現256, 間投詞268
من man →人称代名詞独立形
-می mī-：動詞接頭辞（直説法現在形68, 未完了過去形103, 現在完了継続形123-124 他）
-نـ na-：動詞接頭辞（否定辞）→それぞれの動詞活用形の項を参照
-نا nā-：派生接辞247
ند- -(a)nd بودن直説法現在形第1変化
ند- -(a)nd →動詞人称語尾Ⅰ, Ⅱ, 受動表現における3人称複数の用法174-175
-نمی nemī-：動詞接頭辞（直説法現在形69, 未完了過去形103 他）
نه na：接続詞190, 192, 副詞225, 間投詞268（否定の返答）
نیز nīz：副詞Ⅰ102, 接続詞190
ه- →サイレントのه
ه- -e：過去分詞形成語尾119
ه- -e：派生接辞241-242
ه- -e：定に関わる表現52
ها- -hā：複数語尾　名詞26　名詞化（形容詞29, 過去分詞125）, 口語表現（hの弱化）256, 曜日285　他
هر har：副詞Ⅰ95-96, 不定に関わる表現132, 関係詞184-186, 接続詞205-207
هر چه har che：関係詞184, 接続詞206-207, 比較表現145-146
هم ham：副詞Ⅰ101-102, 副詞Ⅱ226-227, 派生接辞248, 口語表現（hの弱化）256
همان hamān：接続詞203, 副詞Ⅱ227
همه hame：不定に関わる表現130-131, 比較表現145-146
همین hamīn：接続詞200, 副詞Ⅱ227
هیچ hīch：副詞Ⅰ100, 不定に関わる表現133-134
و -o, va：エザーフェによる連結42, 人称代名詞接尾辞形の付加64-65, 接続詞187, 複合語254
ولی valī：接続詞189, 203
ی- -ī →無強勢のī
ی- -ī →強勢のあるī
ی- -ī بودن直説法現在形第1変化
ی- -ī →動詞人称語尾Ⅰ, Ⅱ
-ی- -y- →わたり音
یا yā：比較表現145, 接続詞188
یا yā：間投詞266-277
ید- -īd بودن直説法現在形第1変化
ید- -īd →動詞人称語尾Ⅰ, Ⅱ, 命令形113, 口語表現257-258
یک yek：無強勢のī 51, 不定に関わる表現132-133, 数詞215
یکی yekī：不定に関わる表現129-130
یم- -īm →بودن直説法現在形第1変化
یم- -īm →動詞人称語尾Ⅰ, Ⅱ
ین- -īn：序数詞219-220
ین- -īn：派生接辞246

著者紹介
吉枝聡子（よしえ　さとこ）
東京外国語大学総合国際学研究院教授。
東京外国語大学博士後期課程修了。博士（学術）。専門はイラン諸語。
近年はワヒー語（パミール諸語）の調査研究を継続中。
Sārī Dialect（Studia Culturae Islamicae No.56, Iranian Studies No.10, 東京外国語大学アジア・アフリカ言語文化研究所）、「イラン語の世界」『朝倉世界地理講座・西アジア』（朝倉書店）、「アフガニスタンの言語事情」『アフガニスタンと周辺国』（アジア経済研究所）など。

ペルシア語文法ハンドブック

2011年7月10日　第1刷発行
2025年4月25日　第7刷発行

著　者 © 吉　枝　聡　子
発行者　　岩　堀　雅　己
組版所　　株式会社シャムス
印刷所　　株式会社三秀舎

発行所　101-0052東京都千代田区神田小川町3の24
　　　　電話 03-3291-7811（営業部），7821（編集部）　株式会社　白水社
　　　　www.hakusuisha.co.jp
　　　　乱丁・落丁本は、送料小社負担にてお取り替えいたします。

振替 00190-5-33228　　　Printed in Japan　　　誠製本株式会社

ISBN978-4-560-08569-1

▷本書のスキャン、デジタル化等の無断複製は著作権法上での例外を除き禁じられています。本書を代行業者等の第三者に依頼してスキャンやデジタル化することはたとえ個人や家庭内での利用であっても著作権法上認められていません。